A Collection of Commentaries on the Four-Session Guru Yoga

A Collection of Commentaries

on the

Four-Session Guru Yoga

Compiled by the

Seventeenth Gyalwang Karmapa

Ogyen Trinley Dorje

KTD Publications
Woodstock, New York

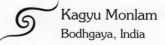

Kagyu Monlam
Bodhgaya, India

Published by:
KTD Publications and the Kagyu Monlam

KTD Publications
335 Meads Mountain Road
Woodstock, NY 12498, USA

Kagyupa International Monlam Trust
Sujata Bypass
Bodhgaya, 823231
Gaya, Bihar, India

International Standard Book Number (ISBN) 978-1-934608-56-2
Library of Congress Control Number: 2016961677

Printed on 100% PCR, acid-free paper
Printed in USA

Contents

The Commentaries

༄ ཐུན་བཞིའི་ཉམས་ལེན་གྱི་མཐར་ཕྱག་ཆེན་གྱི་དམིགས་རིམ་སྐྱོར་ཚུལ།

ཞ་དམར་དཀོན་མཆོག་ཡན་ལག་གིས་མཛད།

༄༅། །དགེ་སྦྱོར་སློང་དུ་ཚུད་པར་བྱ་བའི་ཕྱིར། ཉིན་མཚན་ཐུན་གྲངས་མང་ཉུང་ཅི་རིགས་སུ་བཅད་ནས་ཉམས་སུ་ལེན་པ་ན། ཐོའི་འཕེན་པས་དགེ་སྦྱོར་འདི་མ་ཚར་གྱི་བར་དུ་རྣམ་གཡེང་ཅི་བྱུང་ཡང་ལྡང་བར་མི་བྱ་སྙམ་དུ་དམ་བཅས་ནས་དབེན་པའི་གནས་སུ་སྟན་བདེ་བ་ལ་རྐང་པ་སྐྱིལ་ཀྲུང་། སྐྱལ་ཆིགས་བསྲང་། ལག་པ་མཉམ་བཞག །དཔུང་མགོ་གཉིས་བརྒྱངས། མགྲིན་ཡིད་ཙམ་བཀུག །མིག་ལྷ་སྣངས་མཐོ་དམན་འབྲིང་གསུམ་ཅི་བདེ་བར་སྐབས་དང་བསྟུན། ལུས་ཆ་ཆ་ནས་གྲིམས་ལྷོད་རན་པ་སྟེ་རྣམ་སྣང་གི་ཆོས་བདུན་དང་ལྡན་པར་བྱས། སེམས་ཀྱིས་སྔར་པན་སྐྱིད་སྡུག་ལེགས་ཉེས་ཅི་བྱུང་བ་རྣམས་ཀྱང་བླ་མ་དཀོན་མཆོག་གི་ཐུགས་རྗེ་ཡིན། ད་ཕྱིན་ཆད་ཀྱང་གང་ལེགས་པར་བྱིན་གྱིས་བརླབ་ཏུ་གསོལ་སྙམ་དུ་དེ་ལས་གཞན་པའི་འདོད་བློ་སྤྱི་རྫི་ཙམ་ཡང་མེད་པར་བྱས་ནས་དང་པོ་བྱིན་དབབས་ཀྱི་དམིགས་པ་བསྒོམ་པའམ་བསྡུས་པར་མོས་ན།

སྤྱི་བོའི་གཙུག་ན་ཡེ་ཤེས་མཁའ་འགྲོ་མ། །ཞེས་སོགས་ནས་ངག་ཏུ་འདོན་པ་དང་ཡིད་ལ་སྒོམ་པ་སྦྲགས་ཏེ་ནན་ཆགས་པ་བསྒོ་བ་ལ་ཐུག་གི་བར་བྱ༑ འཁོར་བ་ལས་ངེས་འབྱུང་གི་བསམ་པ་ནག་ཅན་བཙོན་ར་ནས་འབྱུང་

Methods for Meditating on Mahamudra at the End of the Four-Session Practice

The Fifth Shamar Könchok Yenlak

In order for this practice to proceed well, divide the day and night into any number of sessions. To do the practice, make the commitment with strong determination that no matter what distractions arise, you will not get up until you have completed the practice. In an isolated place, sit on a comfortable cushion in the seven points of Vairochana with your legs crossed, spine straight, hands in the mudra of equipoise, shoulders broad, chin slightly tucked, and eyes gazing high, low, or in between, whichever is comfortable for the circumstances. The entire body should be neither too tight nor too loose.

Mentally, say to yourself, "Whatever has happened in the past—pleasant or unpleasant, good or bad—it is all the compassion of the guru, the jewel. Bless me so that from now on everything will be excellent." Without harboring even the tiniest other wish in your mind, first visualize the descent of blessings. Or if you prefer something shorter, recite from "Above my crown, the wisdom dakini . . . ," up through the dedications, assiduously combining the oral recitation with the mental meditation. You should fervently rouse the intention to emancipate yourself from samsara, like a criminal longing to get out of prison, and engender devotion for the qualities of the Three Jewels, like a dehydrated person thirsting for water.

འདོད་པ་ལྟ་བུ། དཀོན་མཆོག་གི་ཡོན་ཏན་མོས་གུས་སྐོམ་ནད་ཅན་ཆུ་ལ་གདུངས་པ་ལྟར་དྲག་ཏུ་བསྐྱེད་ནས་མཐར། ཟབ་ལམ་གྱི་དབང་བཞི་ལེན་པ་ནི་བླ་མ་དཀོན་མཆོག་གསལ་བཏབ་པ་མཐའ་དག་གི་ཐུགས་ཀ་ནས་ཡེ་ཤེས་ཀྱི་བདུད་རྩི་ཆར་ལྟར་བབ། རང་གི་སྤྱི་བོའི་བུ་ག་ནས་ཆུ་རྒྱུན་གྱི་རྣམ་པར་ཞུགས། སྨིན་མཚམས་ཡན་གང་བས་ཐོག་མ་མེད་པ་ནས་བསགས་པའི་ལུས་ཀྱི་སྒྲིབ་པ་དག །སྐུའི་བྱིན་རླབས་ཞུགས། སྐུ་རྡོ་རྗེ་སྐད་ཅིག་ལ་ཐོབ་ནུས་པའི་སྐལ་ལྡན་དུ་གྱུར། ཆུ་རྒྱུན་གྱིས་མགྲིན་པ་ཡན་གང་བས་ཐོག་མེད་ནས་བསགས་པའི་ངག་གི་སྒྲིབ་པ་དག །གསུང་གི་བྱིན་རླབས་ཞུགས། གསུང་རྡོ་རྗེ་སྐད་ཅིག་ལ་ཐོབ་ནུས་པའི་སྐལ་ལྡན་དུ་གྱུར། ཆུ་རྒྱུན་གྱིས་སྙིང་ག་ཡན་གང་བས་ཐོག་མེད་ནས་བསགས་པའི་ཡིད་ཀྱི་སྒྲིབ་པ་དག །ཐུགས་ཀྱི་བྱིན་རླབས་ཞུགས། ཐུགས་རྡོ་རྗེ་སྐད་ཅིག་ལ་ཐོབ་ནུས་པའི་སྐལ་ལྡན་དུ་གྱུར། ཆུ་རྒྱུན་གྱིས་ལྟེ་བ་སོགས་ལུས་མཐའ་དག་མེར་གྱིས་གང་བས་སྒོ་གསུམ་གྱི་སྒྲིབ་པ་ཕྲ་མོ་བག་ཆགས་དང་བཅས་པ་དག །ཡེ་ཤེས་ཀྱི་བྱིན་རླབས་ཞུགས། ཡེ་ཤེས་རྡོ་རྗེ་སྐད་ཅིག་ལ་ཐོབ་ནུས་པའི་སྐལ་ལྡན་དུ་གྱུར། དེ་ལྟར་དབང་བཞི་ཐོབ་པས་རྒྱུད་སྨིན་ནས་གྲོལ་བྱེད་ཀྱི་ལམ། སྤྲོས་བྲལ་ཕྱག་ཆེན་གྱི་ངང་དུ་འཇོག་སྟེ། རང་གི་སེམས་ལ་བལྟས་ནས་ཅིའི་ངོ་བོར་ཡང་མ་གྲུབ་སྟོང་ལྷང་ངེ་བ་དེ་ཉིད་ལས་མི་ཡེངས་པར་དྲན་པའི་སོ་པ་བཀོད་པ་ཙམ་མ་གཏོགས་བསྒོམ་བྱ་བསྒོམ་བྱེད་ཀྱི་རྩོལ་བ་ཡང་མེད་པར་ལྷན་ནེར་མཉམ་པར་བཞག །རྣམ་རྟོག་འཕྲོ་ན་གང་འཕྲོ་བ་དེ་ཀའི་ངོ་བོ་ལ་བལྟ་ཞིང་སྔར་ལྟར་བཞག་གོ། །དེ་ནི་ནང་གི་རིག་པ་ལ་བརྟེན་ནས་འཇོག་པའི་ཚུལ་ཡིན་ལ། དེ་དང་མཐུན་པར་ཕྱི་རོལ་གྱི་སྣང་བ་གཟུགས་སྒྲ་སོགས་གང་ཤར་དེ་ཉིད་ལའང་ཡོད་མེད་ཡིན་མིན་སོགས་ཅི་ཡང་མི་རྟོག་པར་བཟོ་མེད་དུ་ལྷུག་པར་འཇོག །

After that, to take the four empowerments of the profound path, visualize the gurus, the jewels. Wisdom nectar showers like rain from all of their hearts and enters you through the aperture in your crown in the form of flowing liquid. It fills you down to your eyebrows, purifying the obscurations of body accumulated from beginningless time. You receive the blessings of body and become capable of achieving the vajra body in an instant. The flow of liquid fills down to your throat, purifying the obscurations of speech accumulated from beginningless time. You receive the blessings of speech and become capable of achieving the vajra speech in an instant. The flow of liquid fills down to your heart, purifying the obscurations of mind accumulated from beginningless time. You receive the blessings of mind and become capable of achieving the vajra mind in an instant. The flow of liquid completely fills the navel and the entire body, purifying all the subtle obscurations of the three gates as well as their imprints. You receive the blessings of wisdom. You become capable of achieving vajra wisdom in an instant.

Receiving the four empowerments in this way ripens your being and brings you onto the path that liberates, the state of unelaborate mahamudra. When you look at your mind, it is not established as the essence of anything; it is empty and vivid. Without being distracted from this, simply post the sentry of mindfulness. Other than that, simply rest serenely in equipoise without even any effort of meditation or meditating. If a thought occurs, look at the essence of just that which occurred, and rest as before. This is the method of resting based on internal awareness. Similarly, whatever external appearances—form, sound, and so forth—arise, rest without contrivance, without thinking of existing, not existing, being, or not being.

དེ་ལྟར་བསྒོམས་པ་ལས་ཉམས་རྟོགས་འབྱུང་དུ་རེ་བ་དང་། འབྲས་བུ་ཐོབ་ཏུ་རེ་བ་སོགས་ཞེ་འདོད་ཐམས་ཅད་ཀྱང་ལིངས་ཀྱིས་བོར། འཁོར་འདས་བཟང་ངན་ལའང་གཉིས་འཛིན་གྱི་རེ་དོགས་ཅི་ཡང་མི་བྱ་བར་ལྷན་ནེར་འཇོག །སེམས་ཅུང་ཟད་ཟིན་པའི་ཉམས་བཟང་ངན་ཅི་བྱུང་ཡང་རྨི་ལམ་དང་འདྲ་བར་བལྟས་ནས་དགའ་གདུང་སྤང་། དེ་ལྟ་བུའི་མཉམ་བཞག་ལ་འཇོག་བཏུབ་པར་འདུག་ན་སྤྱིན་ཚུལ་ཐོས་བསམ་ཐམས་ཅད་ཀྱི་མཐར་ཐུག་གི་གྲུབ་དོན་སྐྱེལ་ས་དེ་ཀོ་ན་ཡིན་པས་ཡུན་དུ་སྐྱོང་བ་གལ་ཆེ་སྟེ། དཔལ་དཱི་པཾ་ཀཱ་རས།

གལ་ཏེ་མཉམ་བཞག་སེམས་བརྟན་ན། །
ལུས་ངག་དགེ་སྦྱོར་གཙོར་མི་བྱ། །

ཞེས་གསུངས་སོ། །དེ་ནས་ཐུན་འཇོག་ན་དགེ་བ་ལ་བསྔོ་ཞིང་སྨོན་ལམ་གདབ། རྗེས་ཐོབ་ཀྱི་ཚེ་ཡང་། སྣང་གྲག་ཐམས་ཅད་རང་སེམས་ལ་མེ་ལོང་དུ་གཟུགས་བརྙན་དུ་འཆར་བ་དང་། བྲག་རི་ལ་སྒྲ་བརྙན་གྲག་པ་ལྟར་སྣང་སྟོང་གྲག་སྟོང་དུ་བལྟ། ཆོས་ཉིད་སྟོང་པ་ཉིད་ཡིན་པའི་དབང་གིས་རྒྱུ་རྐྱེན་ཚོགས་ནས་འབྲས་བུ་ཅི་ཡང་འབྱུང་བ་འཇིག་རྟེན་པས་མཐོང་བ་ལྟར་ལས་འབྲས་ལ་ཡིད་ཆེས་པར་བལྟ། ཆོས་ཅན་ཅི་ལྟར་ཤར་ཡང་རྒྱུ་རྐྱེན་ཚོགས་པའི་རྟེན་འབྲེལ་ལས་བྱུང་བ་སྒྱུ་མ་དང་གཟུགས་བརྙན་བཞིན་སྣང་བ་མ་གཏོགས་རང་བཞིན་བདེན་པར་མ་གྲུབ་པ་འཕགས་པ་རྣམས་ཀྱིས་གཟིགས་པ་ལྟར་མཛོན་ཞེན་ཨ་འཐས་མེད་པར་བྱེད། མདོར་ན་དགེ་ཟློ་དྲན་པས་གང་ཟིན་ཟིན་གྱིས་སྤྱོད་ལམ་ཀུན་ལ་རྒྱབ་ཐེབས་པར་བྱེད་དོ། །ཞེས་པ་ས་སྐྱོང་གཡུལ་རྒྱལ་བས་ཐུན་བཞིའི་ཉམས་ལེན་གྱི་མཐར་ཕྱག་ཆེན་གྱི་དམིགས་རིམ་ཞིག་སྦྱོར་ཅེས་བསྐུལ་བ་ལྟར། དཀོན་མཆོག་འབངས་ཀྱིས་བྲིས་པའོ། །

Entirely cast away all wishes—any hope that from meditating in that way, you will develop experience and realization, achieve a result, and so forth. Rest serenely, without creating any dualistic hope or fear even of samsara being bad and nirvana being good. Whatever good or bad experience arises of recognizing your mind even a bit, view it as being like a dream and give up joy and despair. Being able to rest in such equipoise is the ultimate result of all generosity, discipline, listening, and contemplating. Just that is the destination, so it is important to sustain it for a long time. As the glorious Dipamkara said:

> If your mind is stable in equipoise,
> Don't emphasize practices of body and speech.

Then when you close the session, make dedications and aspirations. During postmeditation, view all appearances and sounds as arising in your mind like a reflection in a mirror or like an echo resounding off a rock face, appearance-emptiness and sound-emptiness. Because the nature of phenomena is emptiness, view whatever results arise from the assembly of causes and conditions as worldly people see them, believing in karmic results. No matter how phenomena arise, without fixating on or solidifying them, view them as the noble beings see them—not existing as a true nature; nothing more than appearances that, like illusions and reflections, arise from the interdependence of assembled causes and conditions. In brief, seal all your conduct by catching it as much as you can with the mindfulness of a virtuous attitude.

Written by Könchok Bang upon Sakyong Yulgyal's request that a mahamudra visualization be added for the end of the practice of the Four-Session Guru Yoga.

༄ ཐུན་བཞིའི་གསོལ་འདེབས་གསལ་བའི་ཟླ་རྒྱན་ཆོས་དྲུག་གི་དམིགས་རིམ་དང་བཅས་པ་ཀརྨ་པ་དབང་ཕྱུག་རྡོ་རྗེས་མཛད་པ་བཞུགས་སོ།། །

༄༅། །ན་མོ་གུ་རུ། བསམ་གཏན་ཁང་ཕུག་བདེ་བའི་སྟན་ལ་འདུག །
ལུས་གནད་རྣམ་སྣང་ཆོས་བདུན་ལེགས་བཅས་ཏེ། །
ངེས་འབྱུང་སྐྱོ་ཤས་མོས་གུས་མ་གཏོགས་པར། །
གཞན་གྱི་གཞིག་འཁྲུལ་ཐམས་ཅད་ཡིངས་ཀྱིས་བོར། །

འདིར་གཞུང་ལས་གསུངས་པའི་ཚིག་ལྷུག་གི་བྱིན་དབབས་པ་ནི། ད་ནི་ཁོ་བོ་མི་བསྐྱོད་རྡོ་རྗེ་ཁོ་ན་མིན་པ་བསམ་རྒྱུ་མེད་པ་ཀུན་རང་གི་ལུས་ཡེ་ཤེས་ཀྱི་མཁའ་འགྲོ་གཅེར་བུ་ལང་ཚོ་ཕུན་སུམ་ཚོགས་པ། དབུ་སྐྲ་སིལ་མས་རྒྱབ་ནོན་པ། འོད་ཕུང་གི་དབུས་ན་འཆི་མེད་བདུད་རྩིས་གང་བའི་ཀ་པཱ་ལ་ཐོགས་པ། མེ་ཏོག་དམར་པོའི་རྒྱན་ཅན། གཞན་ཡང་རྒྱན་སྤྲངས་པ། དེའི་མདུན་དུ་རྗེ་བཙུན་མི་བསྐྱོད་རྡོ་རྗེ་སྟག་ལྤགས་ཀྱི་ཤམ་ཐབས། གླང་ཆེན་གྱི་ལྤགས་པའི་ཟླ་གོས་ཅན། ཕྱག་རྒྱ་དྲུག་གིས་སྤྲས་པ། དབུ་སྐྲ་ཐོར་ཚུགས་སྣ་ཚོགས་རྡོ་རྗེ་ཟླ་བས་བརྒྱན་པ། ཕྱག་གཉིས་ཆོས་འབྱུང་གི་ཕྱག་རྒྱ་སྤྱི་བོར་བཀོད་པ། ཞབས་གཡོན་བསྐྱིལ་ཀྲུང་བྱེད་པ་དང་། གཡས་བརྐྱང་བས་ཡེ་ཤེས་ཀྱི་མེ་དཔུང་གི་དབུས་ན་བཞུགས་པ། དེ་ལ་ཡུམ་ཡེ་ཤེས་ཀྱི་མཁའ་འགྲོས་བདུད་རྩི་

An Adornment to the Four-Session Supplication with Visualizations for the Six Yogas

The Ninth Karmapa Wangchuk Dorje

NAMO GURU
In a meditation hut or cave, on a comfortable seat,
Sit properly in the posture of the seven points of Vairochana
Except renunciation, weariness, and devotion,
Utterly cast away all other thoughts.

Here, do the descent of blessings given in prose in the text:

All those who have no thought for anyone but me, Mikyö Dorje, should visualize their body as the wisdom dakini amid a mass of light, naked, in the full bloom of youth with her tresses hanging down her back. She holds a skull cup filled with the nectar of immortality. She is adorned with red flowers but no other ornaments. In front is Jetsun Mikyö Dorje, wearing a tiger-skin skirt, an elephant-hide upper garment, and the six symbolic ornaments. His hair is bound in a topknot adorned by crossed vajras and a moon. His two hands are placed in the dharmodaya mudra atop his head. He sits in the middle of a mass of wisdom fire with his left leg drawn partly in and right extended. When the wisdom dakini, the mother, merely offers him nectar, the red wisdom fire blazes with a roar. Imagine that he enters you,

བསྙབས་པ་ཙམ་གྱིས་ཡེ་ཤེས་ཀྱི་མེ་དམར་ལུར་གྱིས་འབར་བ། རང་ཉིད་ཡེ་ཤེས་ཀྱི་མཁའ་འགྲོའི་བྷ་ག་ནས་སྤྲིན་དྲངས། ཐུགས་ཀར་ཞུགས་པར་མོས་ལ༔ རླུང་དྲག་སྦྱོར་གྱི་དང་ནས་གསོལ་བ་ཐོབ་ཅིག་དང་། ཁོ་བོ་མི་བསྐྱོད་རྡོ་རྗེས་བྱིན་གྱིས་རློབ་པ་ཡིན་ནོ། །ཞེས་བྱིན་དབབ་པར་བྱའོ། །

༄ ཡང་ཚིགས་བཅད་དུ་འདོན་བསྒོམ་བྱེད་ན། ཕྱི་རོལ་སྣང་བ་གཞལ་ཡས་ཁང་དུ་གྱུར། །སྣང་སྲིད་སེམས་ཅན་ཡི་དམ་ལྷ་རུ་བསྒྱུས། །རང་ལུས་ནང་ནི་སྟོང་ར་ཆེན་པོ་ལ། །རྩ་གསུམ་འཁོར་ལོ་བཞི་ལྡན་གསལ་བར་གྱུར། །ཕྱི་ནི་ཆོས་སྐུ་ཡེ་ཤེས་མཁའ་འགྲོ་མ། །སྐུ་མདོག་དམར་མོ་ཞལ་གཅིག་ཕྱག་གཉིས་པ༔ །གཅེར་བུ་ལང་ཚོ་ནུ་མ་བྷ་ག་རྒྱས། །དབུ་སྐྲ་སིལ་གྲོལ་སྤྱན་གསུམ་ནམ་མཁར་གཟིགས། །འོད་ཕུང་དབུས་བཞུགས་ཕྱག་གཡས་གྲི་གུག་འཕྱར། །ཕྱག་གཡོན་བདུད་རྩིས་གང་བའི་ཐོད་པ་འཛིན། །མེ་ཏོག་དམར་པོས་རྒྱན་སྤྲས་གཞན་རྒྱན་སྤངས། །བདེ་བ་མི་བཟོད་འགྱུར་བའི་སྙངས་སྙབས་ཅན། །དེ་ཡི་བྷ་ག་ཆོས་འབྱུང་གཞལ་ཡས་དབུས། །བཅོམ་ལྡན་མི་བསྐྱོད་རྡོ་རྗེ་དེ་ཉིད་ནི། །འདི་མཚོན་བྱེད་ཡིན། དབང་ཕྱུག་རྡོ་རྗེའམ། དཀོན་མཆོག་ཡན་ལག་གམ༔ རང་གི་བླ་མ་བསྒོམ་ལ་འདོན་པ་བསྒྱུར་ཆོག་པའོ། །

the wisdom dakini, through your bhaga and comes to rest in your heart center. Join the winds forcefully, supplicate me in that state, and I, Mikyö Dorje, will bless you. Thus, perform the descent of blessings.

Alternately, to do the recitation and meditation in verse:

External appearances become a palace.
Appearance, existence, and sentient beings
Coalesce into the yidam deity.
Inside your body, the great hollow form,
The three nadis and four chakras manifest.
The outside is the dharmakaya wisdom dakini.
She's red in color, with one face and two hands;
Naked and youthful, with full breasts and bhaga.
Her hair is loose; her three eyes gaze into space.
Amid a mass of light, her right hand raises a hooked knife;
Her left hand holds a skull cup filled with amrita.
Bedecked with red flowers, she has no other adornments.
She dances in movements of unbearable bliss.
Her bhaga is a measureless dharmodaya,
In the center of which is Bhagavan Mikyö Dorje.

This is just an illustration. You may visualize Wangchuk Dorje, Könchok Yenlak, or your own guru and change the text.

Occasionally, he is Gaway Dorje,
White with one face, three eyes, and hair bound at his crown.
His head is adorned with a crossed vajra and moon.
He wears a skirt of tiger skin, an elephant upper robe,

རེས་འགའ་དགའ་བའི་རྡོ་རྗེ་སྐུ་མདོག་དཀར། །ཞལ་གཅིག་སྤྱན་གསུམ་དབུ་སྐྲ་སྤྱི་བོར་བཅིངས། །སྣ་ཚོགས་རྡོ་རྗེ་ཟླ་བས་དབུ་བརྒྱན་ཞིང་། །སྟག་ལྤགས་ཤམས་ཐབས་གླང་ཆེན་ལྤ་གོས་ཅན། །ཕྱག་རྒྱ་དྲུག་ལྡན་ཕྱག་གཉིས་སྤྱི་བོ་རུ། །ཆོས་འབྱུང་ཕྱག་རྒྱ་བཅས་ཏེ་བདེ་སྟོང་བསྲེ། །གཡས་བསྐུམ་གཡོན་བརྐྱང་དཀྱིལ་དཀྲུང་ཕྱེད་པ་ཡིས། །ཡེ་ཤེས་མེ་དཔུང་དབུས་ན་བཞུགས་པ་ལ། །ཡེ་ཤེས་མཁའ་འགྲོས་བདུད་རྩི་བཏབ་པ་ཡིས། །ཡེ་ཤེས་མེ་དཔུང་རྣམ་པར་རབ་འབར་གྱུར། །འོག་རླུང་ཡར་འཐེན་དགའ་བའི་རྡོ་རྗེ་དེ༑ ༑རང་ལུས་རྩལ་འཁོར་མ་རུ་གསལ་བ་དེའི། །རྐ་ག་ནས་ཞུགས་དབུ་མ་ལས་བརྒྱུད་དེ། །སྙིང་ཁར་ཞུགས་པར་མོས་ལ་སྟེང་རླུང་མནན། །ཡང་ཅིག་སྒོམ་མཁན་རང་གི་ཤེས་པ་དེ། །ཧྲཱིཿཡིག་དམར་པོ་གསལ་ཞིང་དབུ་མ་བརྒྱུད། །བླ་མའི་ཐུགས་ཀའི་ཧཱུྃ་ལ་ཐིམ་པ་ལས། །ཐུགས་ཡིད་གཅིག་འདྲེས་བདེ་གསལ་མི་རྟོག་འདྲེས། །ཨོཾ་ཨ་ཀྵོ་བྷྱ་བཛྲ་ཧཱུྃ། ཨོཾ་ཨཱི་ཤྭ་ར་བཛྲ་ཧཱུྃ། ཨོཾ་རཏྣ་དྣ་ས་ཧཱུྃ། ཞེས་པ་ལྟ་བུ་གང་དགའ། མཚན་བསྙེན་ཡིད་བཟླས་སུ་འབུམ་ཙམ་གང་འགྲོ་རིམ་གྱིས་བྱ། ཐུན་རེ་ལ་ཉེར་གཅིག་བདུན་རེ་ཙམ་རླུང་ཁུག་རེ་ལ་བྱ། དེ་ནས་རླུང་རིམ་གྱིས་གློད་པ་དང་བསྟུན། རང་སེམས་ཧྲཱིཿསྙིང་གར་གནས་ཤིང་ཧཱུྃ་བླ་མ་དང་བཅས་པ་སྤྱི་བོར་བྱོན་པར་བསམ་མོ། །

And the six ornaments. Above his crown, his two hands make
The dharmodaya mudra, mixing bliss and emptiness.
With his right leg bent and left straight, he sits
In the half vajra amid a wisdom fire.

The wisdom dakini giving him amrita
Causes the wisdom fire to blaze intensely.
Visualizing yourself as the yogini,
Draw up the lower prana and imagine that Gaway Dorje
Enters you through your bhaga and, by way of the central nadi,
Comes to your heart. Press the upper prana down.
Visualize your own, the meditator's, mind
As a red HRĪḤ, which via the central nadi
Dissolves into the HŪṂ in the guru's heart.
Your minds merge into one; bliss, clarity, and nonthought mix.

OṂ AKṢOBHYA VAJRA HŪṂ
OṂ ĪŚVARA VAJRA HŪṂ
OṂ RATNA DASA HŪṂ

Or the like. Mentally recite whichever name approach you wish as much as you can, eventually up to a hundred thousand times. In each session, do twenty-one or seven rounds of breathing. Then as you gradually relax the breath, think that while your mind, the HRĪḤ, *remains in your heart, the* HŪṂ *and guru go to your crown.*

༄ བླ་མ་སྤྱི་བོའི་གཙུག་ཏུ་ཡར་བྱོན་ཏེ། །དབུ་མའི་ཡར་སྣ་གཙུག་གཏོར་འཕགས་པའི་སྟེང་། །རིན་ཆེན་སེང་ཁྲི་པདྨ་ཉི་ཟླའི་གདན། །ཡངས་ཤིང་རྒྱ་ཆེའི་སྟེང་དུ་བཞུགས་པར་གྱུར། །

༄ དཀོན་མཆོག་གསུམ་འདུས་དཔལ་ལྡན་བླ་མ་ལ། །མ་རྒན་འགྲོ་རྣམས་སྲིད་ཞི་ལས་སྐྱོབས་ཕྱིར། །སྙིང་ཁོང་རུས་པའི་གཏིང་ནས་སྐྱབས་འགྲོ་ཞིང་། །ཐུགས་རྗེ་བསྐུལ་ཕྱིར་སྙིང་ནས་འོ་དོད་འབོད། །ཅེས་པའི་རྗེས་སུ། མ་ནམ་མཁའ་དང་མཉམ་པའི་སེམས་ཅན་ཐམས་ཅད་བླ་མ་སངས་རྒྱས་རིན་པོ་ཆེ་ལ་གསོལ་བ་འདེབས་སོ། །ཞེས་པ་ནས། སྤྲུལ་པའི་སྐུ་ལ་གསོལ་ལ༔ ཞེས་པའི་བར་མ་ནམ་བཞི་བསྐོར་གྲངས་ཅི་མང་བཟློད།

སླར། དེ་ནས་བླ་མ་དགའ་བའི་རྡོ་རྗེ་དེ། །ཕྱི་ལྟར་རབ་བྱུང་ནང་ལྟར་གང་འདུལ་གྱི། །སྤྲུལ་བསྒྱུར་དུ་མས་སློབ་མའི་དུག་ལྔ་སོགས། །སེལ་ཕྱིར་སྣ་ཚོགས་ཐབས་ཀྱིས་འགྲོ་འདྲེན་གྱུར། །སྐྱབས་མགོན་བླ་མ་དམ་པ་ཁྱེད་ཉིད་ཀྱི༔ །གོ་འཕང་དམ་པ་བདག་གཞན་སེམས་ཅན་གྱིས། །མྱུར་བར་བསྒྲུབས་ཕྱིར་སྙིང་ནས་གསོལ་བ་འདེབས། །འབོད་དོ་བསྐུལ་ལོ་བརྩེ་བས་སྙིང་ནས་གཟིགས།

The guru comes up to your crown and sits
Above the upper end of the central nadi—
The ushnisha—atop a jeweled lion throne
Upon a wide, vast lotus, sun, and moon seat.
Glorious guru, the Three Jewels in one,
To protect our mothers, sentient beings, from existence and peace,
I go for refuge from the bottom of my heart
And cry out from my depths to invoke your compassion.

Following that, recite as many times as you can the Four Mothers prayer from:

My mothers, all beings throughout space, pray to the guru, the precious buddha . . .

to:

. . . the compassionate nirmanakaya.

Again:

And then the guru Gaway Dorje becomes
A bhikshu on the outside, while on the inside
He is a guide for beings with various means
To eliminate students' five poisons and so forth
Through many manifestations to tame anyone.

Exalted guru, refuge and protector,
So that all beings and I may swiftly achieve
Your noble state, I supplicate from my depths.
I call out and exhort you. Look at me lovingly from your heart.

༄༅ ན་མོ་གུ་རུ། སྤྱི་བོའི་གཙུག་ན་ཡེ་ཤེས་མཁའ་འགྲོ་མ། །གཅེར་བུ་ཧྲ་ག་ཏུ་མ་རབ་ཏུ་རྒྱས། །སྐྲ་གྲོལ་སྤྱན་གསུམ་ནམ་མཁའི་མཐོངས་ལ་གཟིགས། །བདེ་བ་མི་བཟོད་འགྱུར་བའི་གར་སྟབས་སྟོན། །དེ་འདྲ་གྲངས་མེད་གཞལ་མེད་བྱུན་ཡོང་ནང་། །རྩ་བའི་བླ་མ་མི་བསྐྱོད་རྡོ་རྗེ་ནི། །དགེ་སློང་ཆ་ལུགས་ཞྭ་ནག་གསེར་མདངས་ཅན། །ཐབས་ཤེས་དབྱེར་མེད་རྡོ་རྗེ་དྲིལ་བུ་འཛིན། །བདེ་སྟོང་དབྱེ་བ་མེད་པའི་ལྟ་སྟངས་མཛད། །གསོལ་བ་བཏབ་པ་ཙམ་གྱིས་མོས་གུས་འབར། །མོས་གུས་འབར་བ་ཙམ་གྱིས་བྱིན་རླབས་ཕུར། །བྱིན་རླབས་ཕུར་བ་ཙམ་གྱིས་ཐུན་མོང་དང་། །མཆོག་གི་དངོས་གྲུབ་ནོར་བུ་འབར་བ་བསྣམས། །གནམ་ས་བླ་འོག་མེད་པར་ཆར་ལྟར་འབབ། །ད་ནི་སྙིང་ནས་གསོལ་བ་འདེབས་པའི་དུས། །

༄༅ ཀྱེ། སྣང་ཞིང་སྟོང་ལ་སྟོང་ཞིང་སྣང་། །སྣང་སྟོང་དབྱེར་མེད་བླ་མའི་སྐུ༔ ༔བླ་མའི་སྐུ་ལ་གསོལ་བ་འདེབས། །བླ་མའི་སྐུ་ཡིས་བྱིན་གྱིས་རློབས། །གྲགས་ཅིང་སྟོང་ལ་སྟོང་ཞིང་གྲགས། །གྲགས་སྟོང་དབྱེར་མེད་བླ་མའི་གསུང་། །བླ་མའི་གསུང་ལ་གསོལ་བ་འདེབས། །བླ་མའི་གསུང་གིས་བྱིན་གྱིས་རློབས། །བདེ་ཞིང་སྟོང་ལ་སྟོང་ཞིང་བདེ། །བདེ་སྟོང་དབྱེར་མེད་བླ་མའི་ཐུགས། །བླ་མའི་ཐུགས་ལ་གསོལ་བ་འདེབས། །བླ་མའི་ཐུགས་ཀྱིས་བྱིན་གྱིས་རློབས། །

An Adornment to the Four-Session Supplication

NAMO GURU
Above my head, the wisdom dakini—
Naked with bhaga and breasts so full, hair loose,
And three eyes gazing to the depths of space—
Performs dance movements of unbearable bliss.

In the teeming midst of countless others like her,
My own root guru, Mikyö Dorje, arrayed
In bhikshu attire and the gold-blazed black crown,
Holds vajra and bell, means and prajna as one,
His gaze inseparable bliss-emptiness.

Just supplicating makes devotion blaze.
The more devotion blazes, the more the blessings surge.
The more the blessings surge, the more the blazing jewels
Bearing supreme and common siddhis shower like rain
Throughout the skies above, all over the earth below.
Now is the time to supplicate from my heart.

KYE! Appearing while empty, empty while appearing,
The guru's body is inseparable appearance-emptiness.
I supplicate the body of the guru:
Grant me the blessings of the guru's body.

Resounding while empty, empty while resounding,
The guru's speech is inseparable sound-emptiness.
I supplicate the speech of the guru:
Grant me the blessings of the guru's speech.

༄ ཀྱེ། ཀུ་རུ་རཏྣ་བྱོན་པའི་ཚེ། །ནམ་མཁའ་འཇའ་དང་འོད་ཀྱིས་གང་། །སྤྲུལ་པའི་ཟོ་ཉ་འགྱེད་མཛད་ཅིང་། །བྱིན་རླབས་མེ་དཔུང་ཙ་རུ་རུ། །ཉམས་དང་རྟོགས་པ་ཤ་ར་ར། །

༄ ཀྱེ། བླ་མ་ཆེན་པོ་ཁྱེད་ཀྱི་རྗེས་སུ་བདག་བསྲུབ་ཕྱིར། །བྱིན་གྱིས་རློབ་ཕྱིར་གཤེགས་སུ་གསོལ། །གནས་མཆོག་འདི་རུ་བྱིན་ཕབ་ལ། །སྒྲུབ་མཆོག་བདག་ལ་དབང་བཞི་སྐུར། །མཆོག་དང་ཐུན་མོང་དངོས་གྲུབ་སྩོལ། །མི་མཐུན་རྐྱེན་དང་བར་ཆད་སོལ། །དགྲ་བགེགས་མ་ལུས་ཞི་བར་མཛོད། །ཅེས་དང་།

༄ དེ་ལྟར་རྩེ་གཅིག་གསོལ་བཏབ་ལས། །བདེ་སྟོང་མོས་གུས་དྲག་པོ་རབ་འབར་སྟེ། །བྱིན་རླབས་ཟིལ་གྱིས་དངོས་འཛིན་ཀུན་ཞི་ནས། །ཤེས་པ་མ་བཅོས་བྱུན་ནེར་སོང་དེར་བཞག །སྣང་གྲགས་གཟུང་འཛིན་གྱིས་བསྡུས་ཆོས་རྣམས་ཀུན། །དངོས་དང་དངོས་མེད་སྟོང་དང་མི་སྟོང་དང་། །ཡོད་མེད་ཡིན་མིན་གང་དུའང་མ་གྲུབ་པ། །བདེན་འཛིན་གཉིས་སྣང་མཚན་འཛིན་བྲལ་བའོ། །ཅེས་མཉམ་པར་འཇོག །

Blissful while empty, empty while blissful,
The guru's mind is inseparable bliss-emptiness.
I supplicate the mind of the guru:
Grant me the blessings of the guru's mind.

KYE! As the guru ratna approaches,
Light and rainbows fill all space.
He sends emanated messengers.
The conflagration of blessings roars;
Experience and realization soar.

KYE! Exalted guru,
So I can follow your example,
Pray come to grant your blessings.
Shower them on this supreme site.
Bestow the four empowerments
On me, the supreme practitioner.
Grant the supreme and common siddhis.
Dispel adversity and obstacles.
Quell all enemies and obstructors.

From praying one-pointedly in this way,
Strong bliss, heat, and devotion blaze intensely.
The nectar of blessings quells all clinging to reality,
Which, known but left unaltered, disappears; rest in that.

No sight or sound or dualistic phenomenon
Can be established as anything—thing, nonthing,
Empty, not empty, existent, nonexistent, is, is not;
Free of clinging to truth, dualism, and conception.

༄༅། ཐོག་མ་མེད་ནས་ད་ལྟ་ཡན་ཆོད་ཀྱི། །སྡིག་སྒྲིབ་ཉེས་ལྟུང་ནད་གདོན་དྲི་མའི་ཚོགས། །བླ་མ་མཁའ་འགྲོའི་ཚོགས་ལ་མཐོལ་ལོ་བཤགས། །བྱིན་རླབས་མེ་ཡིས་མྱུར་དུ་བསྲེག་པར་མཛོད། །ཅེས་དང་།

༄༅། ཡེ་ཤེས་མཁའ་འགྲོ་ལྗང་ཁུ་མཁའ་ལ་ཤར། །ནད་གདོན་དྲི་མའི་ཚོགས་རྣམས་འོད་ཀྱིས་བསལ། །སྡིག་སྒྲིབ་ཉེས་པ་རྒྱུད་དུ་འཁྲིས་པ་རྣམས། །རྣལ་འབྱོར་མ་དཔལ་མདུན་དུ་མཐོལ་ལོ་བཤགས། །ཡེ་ཤེས་མཁའ་འགྲོ་སེར་མོ་མཁའ་ལ་ཤར། །ནད་གདོན་དྲི་མའི་ཚོགས་རྣམས་འོད་ཀྱིས་བསལ། །སྡིག་སྒྲིབ་ཉེས་པ་རྒྱུད་དུ་འཁྲིས་པ་རྣམས། །རྣལ་འབྱོར་མ་དཔལ་མདུན་དུ་མཐོལ་ལོ་བཤགས། །ཡེ་ཤེས་མཁའ་འགྲོ་དམར་མོ་མཁའ་ལ་ཤར། །ནད་གདོན་དྲི་མའི་ཚོགས་རྣམས་འོད་ཀྱིས་བསལ། །སྡིག་སྒྲིབ་ཉེས་པ་རྒྱུད་དུ་འཁྲིས་པ་རྣམས། །རྣལ་འབྱོར་མ་དཔལ་མདུན་དུ་མཐོལ་ལོ་བཤགས། །ཡེ་ཤེས་མཁའ་འགྲོ་དཀར་མོ་མཁའ་ལ་ཤར། །ནད་གདོན་དྲི་མའི་ཚོགས་རྣམས་འོད་ཀྱིས་བསལ། །སྡིག་སྒྲིབ་ཉེས་པ་རྒྱུད་དུ་འཁྲིས་པ་རྣམས། །རྣལ་འབྱོར་མ་དཔལ་མདུན་དུ་མཐོལ་ལོ་བཤགས། །ཡེ་ཤེས་མཁའ་འགྲོ་ནག་མོ་མཁའ་ལ་ཤར། །ནད་གདོན་དྲི་མའི་ཚོགས་རྣམས་འོད་ཀྱིས་བསལ། །སྡིག་སྒྲིབ་ཉེས་པ་རྒྱུད་དུ་འཁྲིས་པ་རྣམས། །རྣལ་འབྱོར་མ་དཔལ་མདུན་དུ་མཐོལ་ལོ་བཤགས། །ཡེ་ཤེས་མཁའ་འགྲོ་སྔོན་མོ་མཁའ་ལ་ཤར། །ནད་གདོན་

Rest in equipoise.

I admit and confess to the guru and host of dakinis
The mass of misdeeds, obscurations, faults, downfalls,
Illness, döns, and stains from beginningless time until now.
Burn them up swiftly with the fire of blessings.

The green wisdom dakini appears within the sky.
Her light eliminates the hosts of illness, döns, and stains.
I admit and confess before the glorious yogini
The misdeeds, faults, and obscurations caught up in my being.

The yellow wisdom dakini appears within the sky.
Her light eliminates the hosts of illness, döns, and stains.
I admit and confess before the glorious yogini
The misdeeds, faults, and obscurations caught up in my being.

The red wisdom dakini appears within the sky.
Her light eliminates the hosts of illness, döns, and stains.
I admit and confess before the glorious yogini
The misdeeds, faults, and obscurations caught up in my being.

The white wisdom dakini appears within the sky.
Her light eliminates the hosts of illness, döns, and stains.
I admit and confess before the glorious yogini
The misdeeds, faults, and obscurations caught up in my being.

དྲི་མའི་ཚོགས་རྣམས་འོད་ཀྱིས་བསལ། །སྡིག་སྒྲིབ་ཉེས་པ་རྒྱུད་དུ་འབྲིས་པ་རྣམས། །རྣལ་འབྱོར་མ་དཔལ་མདུན་དུ་མཐོལ་ལོ་བཤགས། །ཡེ་ཤེས་མཁའ་འགྲོ་ཁྲོ་མོ་མཁའ་ལ་ཤར། །ནད་གདོན་དྲི་མའི་ཚོགས་རྣམས་འོད་ཀྱིས་བསལ། །སྡིག་སྒྲིབ་ཉེས་པ་རྒྱུད་དུ་འབྲིས་པ་རྣམས། །རྣལ་འབྱོར་མ་དཔལ་མདུན་དུ་མཐོལ་ལོ་བཤགས། །

༄ ནམ་མཁའ་གང་བའི་མི་བསྐྱོད་རྡོ་རྗེ་ཨཱཿ། །འོད་ཟེར་དགྲེས་པའི་རྡོ་རྗེ་དགའ་བ་ཧོཿ། །ཟོ་ཉ་འབར་བའི་དབྱངས་ཅན་ཉུས་པ་ཧཱུྃ། །དྲི་མ་སེལ་བའི་ཕྲིན་ལས་དྲག་པོ་ཨོཾ། །ཅེས་དང་།

༄ བླ་མ་སྐུ་བཞིའི་ངོ་བོ་གསལ་བ་ནས། །བ་སྤུ་གཡོས་ཤིང་མཆི་མ་འཁྲུགས་པ་ཡི། །གསོལ་བ་སྙིང་ནས་དྲག་པོར་བཏབ་པ་ལ། །དངོས་གྲུབ་རྣམ་གཉིས་འབད་མེད་ཐོབ་པར་འགྱུར། །ཞེས་བསམ།

The black wisdom dakini appears within the sky.
Her light eliminates the hosts of illness, döns, and stains.
I admit and confess before the glorious yogini
The misdeeds, faults, and obscurations caught up in my being.

The blue wisdom dakini appears within the sky.
Her light eliminates the hosts of illness, döns, and stains.
I admit and confess before the glorious yogini
The misdeeds, faults, and obscurations caught up in my being.

The pied wisdom dakini appears within the sky.
Her light eliminates the hosts of illness, döns, and stains.
I admit and confess before the glorious yogini
The misdeeds, faults, and obscurations caught up in my being.

Filling space, Mikyö Dorje ĀḤ
Radiating light, Dorje Gawa HOḤ
Blazing messenger, Yangchen Nupa HŪṂ
Clearing stains, Trinlay Drakpo OṂ

Think that:

Since the guru manifests as the essence of the four kayas,
If you supplicate with fervor from your heart—
Your hair standing on end and tears welling up—
You will attain the two siddhis without effort.

༄ རྗེ་བཙུན་དམ་པ་སྐུ་བཞིའི་དབང་ཕྱུག །ཅི་མཛད་ཡེ་ཤེས་ཀྱི་རོལ་པར་འཆར་བ། །ཁྱབ་བདག་རྒྱལ་དབང་ཀརྨ་པ་ཆེན་པོ། །སངས་རྒྱས་བྱིན་རླབས་ཀྱི་རྒྱ་མཚོ་མཁྱེན་ནོ། །ཡོན་ཏན་གྱི་ཕུང་པོ་ཉེས་པ་ཀུན་ཟད། །སངས་རྒྱས་ཀྱི་སྙིང་པོ་བླ་མར་སྣང་བ། །ཐུགས་རྗེའི་དབང་པོ་མཆོག་གི་སྤྲུལ་སྐུ། །རྗེ་བཙུན་རྡོ་རྗེའི་དབྱངས་ཅན་མཁྱེན་ནོ། །ནམ་གཞག་གཏན་གྱི་འདུན་མའི་རེ་ས། །སྐུ་བཞིའི་བདག་ཉིད་དྭགས་པོ་བཀའ་བརྒྱུད། །སྐལ་ལྡན་གྱི་སེམས་རྒྱུད་བྱིན་གྱིས་རློབ་པ། །འགྲན་ཟླ་དང་བྲལ་བའི་བརྒྱུད་པ་མཁྱེན་ནོ། །ཐ་མལ་གྱི་འཁྲུལ་པ་རང་གར་ཞིག་སྟེ། །ཆོས་དབྱིངས་དྲི་མེད་ཀྱི་རང་གཟུགས་གསལ་བ། །ཕྲིན་ལས་ཀྱི་མངའ་བདག་དུས་གསུམ་མཁྱེན་པ། །བརྩེ་བ་ཆེན་པོའི་བདག་ཉིད་མཁྱེན་ནོ། །སྙིགས་མའི་དུས་འདིར་སྣ་ཚོགས་རྩལ་གྱིས། །སེམས་ཅན་འདུལ་མཛད་རྒྱལ་བའི་དབང་པོ། །རེ་ས་ལྟོས་ས་དང་བཅས་པ་ཡིན་པས། །དངོས་གྲུབ་ཀྱི་འབྱུང་ཁུངས་དམ་པ་མཁྱེན་ནོ། །རྗེ་རྒྱལ་བ་ཐམས་ཅད་གཅིག་ཏུ་བསྡུས་ནས། །སྐལ་ལྡན་སྨིན་པར་མཛད་པའི་ནུས་ཅན། །བདེ་བར་གཤེགས་པ་ཀརྨ་པའི་ཀཾ་ཚང་། །སྒྲིབ་གཉིས་རྙོག་པ་དང་བྲལ་བ་མཁྱེན་ནོ། །

Exalted master, lord of the four kayas,
Whatever you do appears as wisdom's play.
The lord of all and Gyalwang, great Karmapa,
Ocean of the buddhas' blessings, KHYENNO.

A mass of qualities cleansed of all faults,
The essence of the buddhas appearing as the guru,
Lord of compassion, supreme nirmanakaya,
Venerable master Dorje Yangchen, KHYENNO.

Sole hope for attaining the everlasting aim,
The lord of the four kayas, the Dakpo Kagyu,
You bless the mind streams of the fortunate;
Your lineage is without rival, KHYENNO.

As ordinary confusion falls apart all on its own,
The dharmadhatu's stainless essence manifests.
Master of activity and knower of three times,
Embodiment of great compassion, KHYENNO.

In this degenerate time, you tame all beings
By various means—you are the lord of victors.
You are my hope, the one whom I depend on.
Genuine wellspring of the siddhis, KHYENNO.

Lord who encompasses all victors in one,
You have the power to ripen the fortunate.
Sugata of the Karmapa's Kamtsang,
Free of the filth of the two veils, KHYENNO.

Lord, since you've mastered the four activities,
Just focusing your wisdom transmits blessings.

ཧཱུྃ་ཕྱིན་ལས་བཞི་ལ་རང་དབང་ཐོབ་ནས། །ཡེ་ཤེས་གཏད་ཙམ་གྱིས་བྱིན་རླབས་འཕོ་བ། །སྒྲུབ་བརྒྱུད་གཅིག་བསྡུས་རྡོ་རྗེའི་དབྱངས་ཅན། །དཔལ་ལྡན་ཀརྨ་པ་ཆེན་པོ་མཁྱེན་ནོ། །རྡོ་རྗེ་འཆང་ཆེན་ཡོན་ཏན་བརྒྱད་ལྡན། །ཧེ་རུ་ཀ་དཔལ་ནི་ཡན་ལག་བདུན་ལྡན། །རྒྱལ་བའི་དབང་པོ་སངས་རྒྱས་འདུས་པའི་སྐུ། །ཧཱུྃ་རྒྱལ་བ་མི་བསྐྱོད་རྡོ་རྗེ་མཁྱེན་ནོ། །རྒྱལ་བ་གཅིག་བསྡུས་ཀརྨ་པ་མཁྱེན་ནོ། །སངས་རྒྱས་གཅིག་བསྡུས་ཀརྨ་པ་མཁྱེན་ནོ། །བདེ་གཤེགས་གཅིག་བསྡུས་ཀརྨ་པ་མཁྱེན་ནོ། །

ལོངས་སྤྱོད་རྫོགས་དང་ཁ་སྦྱོར་བདེ་ཆེན་རང་བཞིན་མེད། །སྙིང་རྗེ་ངེས་གང་རྒྱུན་མི་འཆད་པ་འགོག་པ་མེད། །ཅེས་རྒྱུད་ནས་གསུངས་སྟེ། །ཆོས་ཀྱི་སྐུ་ནི་རང་བཞིན་མེད་པའི་ཡན་ལག་སྟེ་གཅིག་དང་ལྡན་ནོ། །ལོངས་སྤྱོད་རྫོགས་པའི་སྐུ་ནི་གསུམ་དང་ལྡན་སྟེ། །འདི་ལྟར་ལོངས་སྤྱོད་རྫོགས་པའི་ཡན་ལག་དང་། །ཁ་སྦྱོར་གྱི་ཡན་ལག་དང་། བདེ་བ་ཆེན་པོའི་ཡན་ལག་གོ །སྤྲུལ་པའི་སྐུ་ཡི་ཡན་ལག་གསུམ་ནི། སྙིང་རྗེ་ངེས་པ་གང་བའི་ཡན་ལག །རྒྱུན་མི་འཆད་པའི་ཡན་ལག་དང་། འགོག་པ་མེད་པའི་ཡན་ལག་གོ །བདུན་པོ་དེ་དག་ཆོས་སྐུའི་རང་བཞིན་མེད་པའི་ཡན་ལག་ནི་གོ་སླའོ། །

༈ དང་པོ་ནི། ལོངས་སྤྱོད་རྫོགས་སྐུའི་ཡོན་ཏན་མཐའ་དག་དང་ལྡན་པ་མཚན་དང་དཔེ་བྱད་ཀྱིས་སྤྲས་པའོ། །

༈ གཉིས་པ་ཁ་སྦྱོར་ནི། ཐབས་དང་ཤེས་རབ་ཟུང་འབྲེལ་དུ་ཉམས་སུ་བླང་བས་གསང་སྔགས་ཀྱི་ལྷ་ཡབ་ཡུམ་གྱི་སྐུར་སྣང་བའོ། །

༈ གསུམ་པ་བདེ་བ་ཆེན་པོ་ནི། སྡུག་བསྔལ་མཐའ་དག་དང་བྲལ་སྟེ། ཟག་པ་མེད་པའི་བདེ་བ་ཆེན་པོར་གྱུར་པའོ། །

Dorje Yangchen, the practice lineage in one,
Great and glorious Karmapa, KHYENNO.

Great Vajradhara with eight qualities,
Shri Heruka who has the seven traits,
Lord of the victors embodying all buddhas,
Noble Gyalwang Mikyö Dorje, KHYENNO.
All victors in one, Karmapa KHYENNO.
All buddhas in one, Karmapa KHYENNO.
All sugatas in one, Karmapa KHYENNO.

It is said in a tantra:

> Complete enjoyments, the embrace, great bliss, lack of nature,
> Being filled with compassion, continuous, and unceasing.

The dharmakaya has the one trait of lacking a nature. The sambhogakaya has the three traits of complete enjoyments, the embrace, and great bliss. The three traits of the nirmanakaya are being filled with compassion, being continuous, and being unceasing.

Of these seven, the trait of the dharmakaya lacking a nature is easy to understand.

1. *Complete enjoyments: having all the qualities of the sambhogakaya and being adorned by the marks and signs.*
2. *The embrace: the deities of Secret Mantra appearing as male and female due to practicing means and prajna conjoined.*
3. *Great bliss: the undefiled great bliss—being free of all suffering.*

༄ བཞི་པ་ནི། རང་བཞིན་མེད་པ་ནི། དེ་ཉིད་ལ་དངོས་པོ་མེད་པ་ངོས་བཟུང་མེད་པའོ། །

༄ ལྔ་པ་སྙིང་རྗེ་ནི། ངོས་བཟུང་མེད་པའི་སྙིང་རྗེའི་སེམས་ཅན་གྱི་དོན་བྱེད་པའོ། །

༄ དྲུག་པ་རྒྱུན་མི་འཆད་པ་ནི། སྙིང་རྗེ་དེ་ཉིད་ཀྱིས་ནམ་མཁའ་གནས་ཀྱི་བར་རྒྱུན་མི་འཆད་པར་སེམས་ཅན་གྱི་དོན་བྱེད་པའོ། །

༄ བདུན་པ་འགོག་པ་མེད་པ་ནི། གང་ལ་གང་འདུལ་བ་དེ་ལ་ཡེ་ཤེས་ཐོག་རྡུགས་མེད་པའི་སྐུར་སྟོན་པའོ། །

༄ ཞང་རིན་པོ་ཆེའི་གསུང་ཟིན་བྲིས་སུ་བྱས་པ།

ཐམས་ཅད་མཁྱེན་པ་ཀརྨ་པ་མཁྱེན་ནོ། །ཀརྨ་པ་མཁྱེན་ནོ། །ཞེས་གྲངས་མེད་བརྗོད་ཅིང་བླ་མ་སོ་སོའི་མཚན་སྔགས་གང་འོས་བརྗོད།

༄ ཐུགས་རྗེ་གཅིག་བསྡུས་མཁྱེན་ནོ། །སངས་རྒྱས་གཅིག་བསྡུས་མཁྱེན་ནོ༔ །ཀུན་འདུས་ཆོས་རྗེ་མཁྱེན་ནོ། །མི་བསྐྱོད་རྡོ་རྗེ་ལ་གསོལ་བ་འདེབས་སོ༔ །ཆོས་གྲགས་རྒྱ་མཚོ་ལ་གསོལ་བ་འདེབས་སོ། །དྭགས་པོ་བཀའ་བརྒྱུད་ལ་གསོལ་བ་འདེབས་སོ། །ཀརྨ་ཀཾ་ཚང་ལ་གསོལ་བ་འདེབས་སོ། །རྗེ་བཙུན་ཁྱེད་རང་ལྷ་བུར་ཤོག་ཅིག །ཆོས་རྗེ་ཁྱེད་རང་ལྷ་བུར་ཤོག་ཅིག །བླ་མ་ཁྱེད་རང་ལྷ་བུར་ཤོག་ཅིག །འགྲོ་མགོན་ཁྱེད་རང་ལྷ་བུར་ཤོག་ཅིག །

4. *Lack of a nature: its reality lacking a nature and being unidentifiable.*
5. *Compassion: benefiting sentient beings through unidentifiable compassion.*
6. *Being continuous: benefiting beings continuously as long as space endures due to that compassion.*
7. *Being unceasing: displaying a kaya without any hindrance to tame anyone anywhere.*

These notes were made from Shang Rinpoche's words.

All-knowing one, Karmapa KHYENNO.
KARMAPA KHYENNO

Recite this countless times, and recite whichever guru's name mantra is appropriate.

Embodiment of compassion, KHYENNO.
Embodiment of the buddhas, KHYENNO.
All-embodying lord of Dharma, KHYENNO.

I pray to Mikyö Dorje.
I pray to Chödrak Gyatso.
I pray to the Dakpo Kagyu.
I pray to the Karma Kamtsang.
Jetsun, may I be just like you.
Dharma lord, may I be just like you.
Guru, may I be just like you.
Protector of beings, may I be just like you.

ཕ་གཅིག་ཐམས་ཅད་མཁྱེན་པ། སངས་རྒྱས་མཉན་པ་གྲུབ་ཐོབ། རྒྱལ་དབང་མི་བསྐྱོད་རྡོ་རྗེ། གསོལ་བ་ང་ཡིས་མི་འདེབས་སུ་ཡིས་འདེབས། ཐུགས་རྗེ་ཁྱེད་ཀྱིས་མི་གཟིགས་ན་སུ་ཡིས་གཟིགས། གསོལ་བ་འདེབས་སོ་བྱིན་གྱིས་རློབས་ཤིག །ཕྱིར་དུ་སེམས་ཅན་ཐམས་ཅད། གྲོས་སུ་སྙིགས་མའི་གདུལ་བྱ། ལྷག་པར་རེ་ལྟོས་གཅིག་ཆོག་ཏུ་བཅས་པའི། བློ་གཏད་འགྱུར་བ་མེད་པ། ཕྱག་རྒྱ་ཆེན་པོའི་དངོས་གྲུབ་སྩོལ་ཅིག །བྱིན་རླབས་ཁྱེད་ལ་མེད་ན་སུ་ལ་ཡོད། བྱམས་པས་བདག་ལ་མི་སྐྱོང་ན་སུ་ལ་སྐྱོང་། སྐུ་དྲིན་ང་ཡིས་མི་གཞལ་ན་སུ་ཡིས་གཞལ། གདུལ་བྱ་ཁྱོད་ཀྱིས་མི་འདུལ་སུ་ཡིས་འདུལ། ལས་ངན་ང་རྗེ་ལ་མི་རེ་ན་སུ་ལ་རེ། མཐུ་སྟོབས་ཅན་ཁྱོད་བདག་མི་སྐྱོབས་ན་སུ་ལ་སྐྱོབས། བདག་གི་གཏན་འདུན་སྐྱེ་བ་ཀུན་གྱི་སྐྱེལ་མ། ཐེ་ཚོམ་ཆད་ནས་ཟད་པའི་གཏན་ནོར། བློ་གཏད་ཤིང་སྐྱུར་ཐུབ་པའི་མགོན་པོ། སྲིད་མཚོ་གཏན་སྐྱེམས་སུ་གནས་པའི་སངས་རྒྱས། ཡོན་ཏན་གཞལ་བར་མི་ནུས་པའི་རྒྱ་མཚོ། མཁའ་མཉམ་སེམས་ཅན་ཐམས་ཅད་ཀྱི་མ་གཅིག །ཐུགས་རྗེ་གཏུག་པ་མེད་པའི་གཏེར་ཆེན། སྙིགས་དུས་འགྲོ་བར་མི་དགོངས་ན་སུ་དགོངས། བརྩེ་བས་ད་ལྟ་མི་སྐྱོང་ན་ནམ་སྐྱོང་། དངོས་གྲུབ་དེང་སང་མི་སྩོལ་ན་ནམ་སྩོལ། ཐུགས་ཡིད་གཅིག་འདྲེས་སུ་ཐོང་ལ། འབྲེལ་གྲོལ་མདུད་པ་ཤིག་དང་། མཁའ་ཁྱབ་སྡིག་རྒྱུའི་འགྲོ་བ། ད་ལྟ་གཏན་གྲོལ་དུ་མཛོད་ཅིག །བླ་མ་དམ་པ། མཐའ་མེད་སེམས་ཅན་ལ་གཟིགས་དང་། གསོལ་བ་འདེབས་པོ་ལ་སྐྱོབས་དང་། མི་བཟད་གདུངས་པའི་དུས་འདིར། ཅི་བྱ་ཚང་རླག་སྐབས་ན། སྒྲ་ངན་འཛིགས་སྣང་ཀྱི་དུས་སུ་གཟིགས་ཤིག །

Omniscient only father,
Siddha Sangye Nyenpa,
Gyalwang Mikyö Dorje,
Who supplicates you if not me?
Who looks with compassion if not you?
I supplicate you; grant your blessings.
Bestow the siddhi of mahamudra
On all sentient beings in general,
In particular disciples of degenerate times,
And especially the unswervingly steadfast
For whom trusting you itself is enough.

Who has blessings if not you?
Who will you nurture with love if not me?
Who will repay your kindness if not me?
Who will tame disciples if not you?
Who can this wretch place hope in if not you?
Mighty one, who will you protect if not me?

Guide to the ultimate aim in all my lives,
Everlasting jewel who severs all doubts,
Protector to whom I fully surrender,
Buddha who forever dries up the ocean of existence,
Ocean of qualities beyond all measure,
Sole mother of all beings throughout space,
Great trove of inexhaustible compassion,
Who will think of beings in degenerate times if not you?
When will you lovingly protect me if not now?
When will you grant siddhis if not now?
Let our minds be merged as one.
Destroy confusion; untie the knots.
Now liberate forever

བླ་མ་རིན་པོ་ཆེ། དོན་གྱི་བརྒྱུད་པ་ཅན། བྱིན་རླབས་ཀྱི་འཕོ་བ་མཁན། རྟོགས་པའི་གདེང་ཚད་ཅན། མངོན་ཤེས་སྤྱན་དང་ལྡན་པ། རྫུ་འཕྲུལ་བཀོད་པ་བསྟན་ཏེ། བཟོད་མེད་བཀའ་དྲིན་སྐྱོལ་བ། སངས་རྒྱས་ལག་བཅངས་སུ་གཏོད་པ། ཐ་མལ་སྣང་བ་བསྒྱུར་ཏེ། དག་པ་རབ་འབྱམས་སྟོན་པ། འཕགས་པ་འཇིག་རྟེན་དབང་ཕྱུག །སྙིང་ཁོང་རུས་པའི་གཏིང་ནས། གཅིག་ཐུབ་གསོལ་བ་འདེབས་སོ། །ཐུགས་རྗེས་འཛིན་པར་ཞུ་དང་། དངོས་གྲུབ་ཀྱི་ཚན་ཁ་ཅན། བཀའ་བརྒྱུད་རྟོད་པ་མེད་པ། དམུ་རྒོད་འདུལ་བར་ནུས་པའི། ཕྲིན་ལས་འགྲན་ཟླ་བྲལ་བ། རྫོགས་པའི་སངས་རྒྱས་དམ་པ། སྒོ་གསུམ་དགེ་ཚ་དང་བཅས་པ། མཐའ་མེད་སེམས་ཅན་དོན་དུ། ད་ལྟ་ཉིད་དུ་འབུལ་ལོ། །བརྩེ་བ་ཆེན་པོས་བཞེས་ཤིག །བཞེས་ནས་འགྲོ་བ་ཀུན་གྱི། གཏན་སྐྱབས་ཐུབ་པའི་བླ་མ། རྗེ་བཙུན་ཁྱེད་རང་ལྟ་བུར། སྙིང་ནས་བྱིན་གྱིས་རློབས་ཤིག །ཞེས་གསོལ་བ་འདེབས།

༄ དེ་ལྟར་གསོལ་བ་དྲག་ཏུ་བཏབ་པ་ལས། །བྱིན་རླབས་ཞུགས་ཀྱིས་ཤེས་པ་བུན་ནེ་བ། །མོས་གུས་ལྷང་ངེ་གཉིས་འཛིན་ཀུན་བྲལ་བར། །མོས་གུས་ཕྱག་རྒྱ་ཆེ་ངོར་ཧེ་གནས་བཞག །འདི་མོས་གུས་ཀྱི་དངོས་འཛིན་གཞིའོ། །དེ་ནས་བླ་མ་བསྙེན་ཚུལ་སྙེད་བཀུར་རིམ་གྲོ་བསྒྲུབ་པའི་སྒོ་ནས་བསྟན་པ་ལས་དོན་དྲིལ་ནས། སྒོམ་ལག་ཏུ་ལེན་པ་ནི། ༄ དཔལ་ལྡན་བླ་མ་དམ་པ་ལ་གསོལ་བ་འདེབས་སོ། །ཅི་མཛད་ལེགས་པར་མཐོང་བར་བྱིན་གྱིས་རློབས་ཤིག །ཅི་གསུང་ཚད་མར་འཛིན་པར་བྱིན་གྱིས་རློབས་ཤིག །ཐུགས་ཡིད་གཅིག་ཏུ་འདྲེ་བར་བྱིན་གྱིས་རློབས་ཤིག །སྐྱེ་བ་ནས་སྐྱེ་བ་ཚེ་རབས་ནས་ཚེ་རབས་ཐམས་ཅད་དུ་དཔལ་ལྡན་བླ་མ་དམ་པ་དགྱེས་པའི་བྱ་བ་དང་མི་འབྲལ་བར་བྱིན་གྱིས་རློབས་ཤིག །མི་དགྱེས་པའི་བྱ་བ་རྣམ་པ་ཐམས་ཅད་དུ་མི་འབྱུང་བར་བྱིན་གྱིས་

Illusory beings throughout space.
Exalted guru,
Look upon all limitless beings.
Protect me who supplicate you.
In these times of terrible torment,
When I'm desperate about what to do,
Look upon me at this time of panic and anguish.

Precious guru
Who holds the true lineage,
Bestower of blessings
With the confidence of realization
And the eyes and clairvoyances,
You manifest miracles,
Extend overwhelming kindness,
Place buddha in my palm,
Transform common perception,
And reveal infinite purity.

Noble Lokeshvara,
From deep in my heart I pray to
You who alone are enough—
Please hold me in your compassion.
You with the power of siddhi,
The undisputed Kagyu,
Whose unrivaled activity
Has the power to tame the savage,

Exalted perfect buddha,
For the sake of boundless beings,
I offer you right now
My body, speech, mind, and virtue.

ཐོབ་ཤོག །སྐྱེ་བ་ནས་སྐྱེ་བ་ཚེ་རབས་ནས་ཚེ་རབས་ཐམས་ཅད་དུ་བློ་གཏད་བླ་མ་ལ་བཅས་ནས་ཆོས་བཞིན་གྱི་བཀའ་སྐུལ་གང་གནང་བ་དེ་ལག་ཐོག་ཏུ་ལེན་ཐུབ་པར་བྱིན་གྱིས་རློབས་ཤོག །ལྷོ་གོས་ཀྱི་ངོ་སྐྱུང་དང་ཆོས་བརྒྱུད་ཀྱི་འབྲེལ་ཐག་ཆོད་པར་བྱིན་གྱིས་རློབས་ཤོག །སྙིང་ལ་རུས་པ་དུམ་བུ་རེ་ཡོད་པར་བྱིན་གྱིས་རློབས་ཤོག །ཞེས་གསོལ་འདེབས་རྒྱུད་ལ་ཅི་འདྲིར་བྱ། དེ་ནས་དབང་བཞི་ལེན་ཚུལ་ནི།

༄ སྐྱེ་བ་འདི་ནས་ཚེ་རབས་ཐམས་ཅད་དུ། །བླ་མ་མིན་པ་རེ་ས་གཞན་མེད་པས། །ལུས་དང་ལོངས་སྤྱོད་དགེ་ཚོགས་མཆོད་པར་འབུལ། །དགྱེས་པར་བཞེས་ནས་དབང་བསྐུར་བྱིན་གྱིས་རློབས། །དེ་ལྟར་གསོལ་བ་འདེབས་པའི་མོད་ཉིད་ལས། །བླ་མ་དགའ་བའི་རྡོ་རྗེ་རྣམ་པར་བཞེངས། །ཡེ་ཤེས་མཁའ་འགྲོ་མ་དང་སྙོམས་པར་ཞུགས། །སྦྱོར་མཚམས་བྱང་སེམས་དཀར་དམར་བདུད་རྩི་བབས། །སྤྱི་བོ་ནས་ཞུགས་བདེ་ཆེན་འཁོར་ལོ་གང་། །ལུས་ཀྱི་སྒྲིབ་བྱང་བུམ་པའི་དབང་ཐོབ་ཅིང་། །བསྐྱེད་རིམ་ལ་དབང་དགའ་བའི་ཡེ་ཤེས་སྐྱེས། །འབྲས་བུ་སྤྲུལ་སྐུ་འགྲུབ་པའི་སྐལ་ཅན་གྱུར། །དབུ་མ་ནས་བརྒྱུད་ལོངས་སྤྱོད་འཁོར་ལོ་གང་། །ངག་གི་སྒྲིབ་སྦྱངས་གསང་བའི་དབང་ཐོབ་ཅིང་། །གཏུམ་མོ་ལ་དབང་མཆོག་དགའི་ཡེ་ཤེས་སྐྱེས། །འབྲས་བུ་ལོངས་སྐུ་འགྲུབ་པའི་སྐལ་ཅན་གྱུར། །དབུ་མ་ནས་བརྒྱུད་ཆོས་ཀྱི་འཁོར་ལོ་གང་། །ཡིད་ཀྱི་སྒྲིབ་སྦྱངས་ཤེས་རབ་ཡེ་ཤེས་ཐོབ། །སྙོམས་འཇུག་ལ་དབང་དགའ་བྲལ་ཡེ་ཤེས་སྐྱེས། །འབྲས་བུ་ཆོས་སྐུ་འགྲུབ་པའི་སྐལ་ཅན་གྱུར། །དབུ་མ་ནས་བརྒྱུད་སྤྲུལ་པའི་འཁོར་ལོ་གང་། །སྒོ་གསུམ་སྒྲིབ་སྦྱངས་ཚིག་དབང་རིན་ཆེན་ཐོབ། །ཕྱག་ཆེན་ལ་དབང་ལྷན་སྐྱེས་ཡེ་ཤེས་སྐྱེས། །ངོ་བོ་ཉིད་སྐུ་འགྲུབ་པའི་སྐལ་ཅན་གྱུར། །སྣར་ཡང་རྩ་འཁོར་རྣམས་ལས་བདུད་

Accept them with great compassion,
And bless me from my heart
So I become like you,
A guru who is able
To protect all beings forever.

Thus supplicate.

From supplicating fervently in this manner,
Through the power of blessing, the mind evanesces.
With vivid devotion, free of all dualism,
Rest in the essence of devotion mahamudra as long as you can.

This is the basis for identifying devotion. Then, to summarize the teachings on how to serve the guru by accomplishing offerings, respect, and service and how to put them into practice in meditation:

I supplicate the exalted glorious guru.
Bless me to see whatever you do as perfect.
Bless me to hold whatever you say as true.
Bless me that our minds may merge as one.

Birth after birth, life after life, bless me to never cease performing actions that please the exalted glorious guru. Bless me to never in any way commit any displeasing action. Birth after birth, life after life, bless me to be capable of performing whatever dharmic deeds the guru I'm devoted to commands. Bless me to cut all ties of the eight worldly concerns and of courting favor for

ཏྟེ་བབས། །རྩ་གནད་ཀུན་བརྒྱུད་ལུས་ཀྱི་ནང་རྣམས་གང་། །ཐིག་སྒྲིབ་ཀུན་སྦྱངས་དབང་རྣམས་རྫོགས་པར་ཐོབ། །ཆུ་ཞབས་གྱེན་འཁྱིལ་བླ་མར་རེག་པ་ལས། །སླར་ཡང་སྔར་བཞིན་སྤྲུལ་སྐུའི་རྣམ་པར་གྱུར། །དེ་རྗེས་བླ་མ་འོད་ཞུ་སོགས། འོག་ནས་འབྱུང་བ་ལྟར་རམ། ཆོས་དྲུག་སྒོམ་པར་འདོད་ན།

༄ རང་གི་ལྟེ་འོག་རྩ་གསུམ་འདུས་མདོ་ན། །ཨ་ཤད་དམར་མོ་མེ་ཁབ་སོར་བཞི་ཙམ། །ཡར་སྣ་བྱང་སེམས་ངོ་བོ་ཐིག་ལེ་དཀར། །ཧཾ་གི་རྣམ་པ་ཐུར་བསྟན་སྒོམ་པར་བྱ། །བུམ་ཅན་བཟུང་བའི་མེ་དེ་ཙུང་ཟད་འབར། །སྤྱི་བོའི་ཧཾ་ཉིད་དྲོས་པའི་ཧཾ་དེ་ལ། །ཐིག་ལེ་དངུལ་ཆུ་ལྟ་བུ་འཐིག་ལ་ཁད། །བདེ་གསལ་མི་རྟོག་དང་དུ་ས་ལེར་བཞགས། །རེས་འགའ་གཏུམ་མོ་མེ་རྣམས་ཆེ་བསྐྱེད་དང་། །ཆུང་བསྐྱེད་བྱས་ལ་དྲོད་རྣམས་བསྐྱེད་པར་བྱེད། །རེས་འགའ་འབར་འཛག་སྒོམ་ལ་དྲོད་རྣམས་བསྐྱེད། །བདེ་སྟོང་དབྱེར་མེད་ངང་དུ་ཅི་གནས་བཞག །དེ་ནི་གཏུམ་མོའི་དམིགས་པའོ། །

༄ གཟུགས་ནི་གསལ་སྟོང་མེ་ལོང་གཟུགས་བརྙན་འདྲ། །ངག་ཀྱང་འཛིན་མེད་གྲགས་སྟོང་བྲག་ཆ་ལྟར། །སེམས་ནི་ངོས་བཟུང་མེད་པ་ཀུན་དང་བྲལ། །སྒྱུ་མའི་དཔེ་བརྒྱད་ལྟ་བུར་ཤེས་པར་བྱ། །དེ་ནི་སྒྱུ་ལུས་ཀྱི་དམིགས་པའོ། །

༄ ཉིན་སྣང་འདི་ཀ་རྨི་ལམ་སྒྱུ་མ་ཡིན། །མཚན་སྣང་འདུན་པ་གཟུང་སྦྱངས་བསྒྱུར་ལ་སྤེལ། །སྐུ་བཞིའི་ངང་ལ་བག་ཆགས་ལྡང་བ་ལས། །མཚན་འཛིན་ཀུན་བྲལ་གང་དུའང་བསྒྱུར་རུང་ངོ་། །དེ་ནི་རྨི་ལམ་གྱི་དམིགས་པའོ། །

༄ དེ་རྗེས་ལུས་ཡོད་མི་ཚོར་དག་བརྗོད་བྲལ། །སེམས་ནི་ནམ་མཁའ་ལྟ་བུར་དྭངས་པ་ཡིས། །བསལ་བཞག་མེད་པ་སྤྲོས་བྲལ་ཕྱག་རྒྱ་ཆེ། །འོད་གསལ་དེ་ལ་ཉིན་མཚན་ཡེངས་མེད་བཞག །དེ་ལ་གནས་ན་དེས་ཆོག །མ་གནས་ན་གཟུང་སྦྱངས་སོགས་ནི། གཉིད་ཁ་སྙིང་ཁར་ཧཱུྃ་དམིགས་གསལ་སྟོང་དང་། །ཡང་

the sake of food and clothing. Bless me to have fortitude in my heart.

Incorporate the supplication into your being as much as possible.

Next is the manner of taking the four empowerments:

From this birth onward, in my every lifetime,
I've no one to place hope in but the guru.
I offer you my body, possessions, and virtue.
Accept them gladly and bless me with empowerment.

The moment that I supplicate in that manner,
The guru arises in Gaway Dorje's form,
Embracing the wisdom dakini. From their union
Flows amrita, the white and red bodhichitta.

It enters my crown and fills the great bliss chakra, cleansing me
Of obscurations of body. I receive the vase empowerment,
Empowering me for the creation stage. The wisdom of joy arises.
I have the fortune to attain the result, the nirmanakaya.

Through the central nadi, it fills the enjoyment chakra, cleansing me
Of obscurations of speech. I receive the secret empowerment,
Empowering me for chandali. The wisdom of sublime joy arises.
I have the fortune to attain the result, the sambhogakaya.

ན་རྗོགས་རིམ་དུ་བསྡུས་འོད་ལ་གཏད། །འདི་སྐོད་བཙུད་ཧཱུྃ་ཧཱུྃ་ན་དྭའི་བར་བསྡུས་ཏེ་འོད་ཀྱི་གོང་བུ་སྙིང་ཁར་གསལ་བ་ལ་དམིགས་ཏེ་གཉིད་པའོ། །

༈ གྲོགས་ཀྱི་གསལ་འདེབས་ཉིན་ཡང་འོད་གསལ་བསྒོམ། །ཉིན་མཚན་བར་དོར་འོད་གསལ་ཟིན་པར་བྱ། །དེ་ནི་འོད་གསལ་དམིགས་པའོ། །

༈ ལྟེ་འོག་ཧྲཱིཿལས་རང་སེམས་ཧྲཱིཿཡིག་ཞིག །འོག་རླུང་འཕེན་པས་ཡར་བྱུང་དབུ་མར་བརྒྱུད། །ཧི་ཀ་ཉི་ཤུ་རྩ་གཅིག་གིས་དྲངས་པས། །བླ་མའི་ཐུགས་ཀའི་ཧཱུྃ་ལ་ཐིམ་པར་གྱུར། །འོག་རླུང་སློད་པས་ཧྲཱིཿཡིག་ཕྱིར་བྱུང་སྟེ། །ཧི་ཀ་ཉི་ཤུ་རྩ་གཅིག་བརྗོད་པ་ལས། །དབུ་མ་ནས་བརྒྱུད་ལྟེ་བའི་ཧྲཱིཿལ་ཐིམ། །ཚངས་བུག་སྟེང་དུ་བླ་མ་བཞུགས་པར་གྱུར། །དེ་ལྟར་རྟགས་མ་བྱུང་གི་བར་དུ་བྱ། འཕོ་བའི་རྒྱུན་དུ་འདོན་སྒོམ་ལ་འདིས་ཆོག །ལམ་ལ་སྦྱར་བ་ནི། ༈ འཆི་ཚེ་ཡོངས་སྲིད་ཀུན་ལ་ཆགས་མེད་བྱ། །སྣང་ཀྱི་ཉམས་ལེན་ཐམས་ཅད་གསལ་འདེབས་ཤིང༌། །རྣམ་ཤེས་སྣང་བཞིན་བླ་མའི་ཐུགས་ཀར་ཐིམ། །བླ་མ་འོག་མིན་གནས་སུ་གཤེགས་པར་གྱུར། །ཅེས་བསམ་ལ་འཕོ་བར་བྱའོ། །འདི་ནི་འཕོ་བའི་དམིགས་པའོ། །

༈ རབ་ལ་འོད་གསལ་དང་དུ་འཕོ་བ་དང༌། །འབྲིང་ལ་ཡི་གེའི་དབྱིབས་སུ་འཕོ་བྱ་ཞིང༌། །ཐ་མས་ཞེན་ཆགས་བྲལ་བར་རྣམ་ཤེས་འཕང༌། །ཀུན་ལ་ཆགས་ཞེན་འཛིན་པ་བྲལ་བར་བྱ། །ཉིན་སྣང་བར་དོའི་སྣང་བ་ཤེས་བྱ་ཞིང༌། །ཤི་ཚེ་བར་དོར་ཉམས་ལེན་གྱིས་ཟིན་བྱ། །མངལ་སྒོ་བཀག་གདམ་སྐུ་གསུམ་གང་རུང་གིས། །ས་བོན་གཟུང་སྟེ་འགྲོ་དོན་དཔག་མེད་བྱ། །བར་དོའོ། །ཆོས་དྲུག་མི་སྒོམ་ན་དབང་གི་རྗེས་སུ་འདི་འདོན་སྒོམ་བྱས་ཏེ་མོས་གུས་ཕྱག་རྒྱ་ཆེན་མོ་སྒོམ་མོ༔ ༔

Through the central nadi, it fills the dharma chakra,
cleansing me
Of obscurations of mind. I receive the prajna wisdom
empowerment,
Empowering me for absorption. The wisdom free of joy arises.
I have the fortune to attain the result, the dharmakaya.

Through the central nadi, it fills the emanation chakra,
cleansing me
Of obscurations of the three gates. I receive the word
empowerment,
Empowering me for mahamudra. Coemergent wisdom arises.
I have the fortune to attain the result, the svabhavikakaya.
The amrita again flows from the nadi chakras
Through all the key nadi points, filling the inside of the body
And cleansing all misdeeds and obscurations.
I receive the empowerments in their entirety.

Swirling upward, the liquid touches the guru,
And he again becomes the nirmanakaya in form.

[At this point in the Tibetan text, there is a description of the visualizations for the six yogas, which is omitted from this translation.]

༄༅ དེ་རྗེས་བླ་མ་འོད་ཞུ་རང་ལ་ཐིམ། །བླ་མའི་སྐུ་གསུང་ཐུགས་དང་རང་
གི་སེམས། །དབྱེར་མེད་ཅིག་ཏུ་འདྲེས་ཏེ་བྱིན་རླབས་ཞུགས། །དབང་དོན་
རྟོགས་པ་ཐམས་ཅད་མངོན་དུ་གྱུར། །རང་ཡང་འོད་ཞུ་མི་གཡོ་གསུམ་ལྡན་
དང་། །ལུས་འདི་མི་རོ་ལྟ་བུར་བདག་མེད་ཅིང་། །ངག་ནི་ལྕེ་བཙད་ལྟ་བུར་སྨྲ་
བ་སྤངས། །ཡིད་ནི་བདེ་གསལ་མི་རྟོག་ངང་དུ་བསྒྱུར། །དེ་ངང་སྣང་ལ་རང་
བཞིན་མ་མཆིས་པའི། །གསལ་སྟོང་དེ་ལ་སྒོམ་མཁན་དྲན་འཛིན་དང་། །སྦྱོང་
པོ་ཐམས་ཅད་བདག་མེད་བོར་བའི་ངང་། །གཡེང་ན་གཡེང་ཐོག་མ་གཡེངས་
དེའི་ངང་བཞག །གང་ལྟར་སྣང་ཡང་བདེན་འཛིན་སྤང་བླང་བྲལ། །སྒོམ་དང་
མི་སྒོམ་ཡིད་བྱེད་ཀུན་བོར་ལ། །དྲན་པས་རྩིས་གདབ་ལྷོད་ཀྱི་གློད་པའི་
ངང་། །མ་གཡེང་མི་སྒོམ་གང་ཤར་བཟོ་མེད་དོ། །རེ་དོགས་གཉིས་འཛིན་
ཚད་མ་ཀུན་བྲལ་བས། །ཉམས་རྟོགས་གེགས་མེད་བཟང་ངན་གང་ཤར་
ཡང་། །སྒྱུ་མ་རྨི་ལམ་ལྟ་བུ་དགའ་སྡུག་བྲལ། །ཐ་མལ་ཤེས་པའི་རང་ངོ་ལྟ་
བར་བྱ། །ཅེས་མཉམ་པར་བཞག་གོ།

If you do not meditate on the six yogas, do this recitation and meditation after the empowerments, meditating on devotion mahamudra:

And then the guru melts into light and dissolves into you.
The guru's body, speech, and mind and your own mind then merge
Inseparably as one, and you receive the blessings.
All realizations of the empowerment become manifest.

You also melt into light. In the state of threefold motionlessness,
This body has no owner, like a corpse.
With speech, give up speaking, as if your tongue had been cut out.
Jettison mind in the state of bliss, clarity, and nonthought.
Its essence is clear emptiness that lacks any nature.
Within that, cast away any meditator, thinking, perceiving,
Or experience without any ownership, and in that state,
If distracted, rest undistracted on the distraction.

In any case, free of clinging to truth, abandoning, and taking,
Throw off all meditation, nonmeditation, and belief.
Take control with mindfulness, and in a relaxed state,
Don't get distracted. Don't meditate. Don't alter whatever arises.
As you are free of all hopes, fears, dualism, and evaluation,
Experience and realization are unobstructed. Whatever good or bad arises
Is like a dream or illusion—be free of all joy and sorrow.
Look at the actual face of ordinary mind.

Rest in equipoise.

༄ རྗེས་ཐོབ་ཁྲིར་སོ་གསུམ་དང་མ་བྲལ་བས། །སྒྱུ་མ་ལྟ་བུའི་ངང་ནས་རྒྱུ་འབྲས་དང་། །བསླབ་གསུམ་མིག་འབྲས་བཞིན་དུ་བཙའ་བའི་ངང་། །སྤྱོད་པ་ཅི་བྱེད་སེམས་ཅན་དོན་འགྱུར་བྱ། །ཅེས་སོ། །

ངེས་པར་འཆི་བ་སྙིང་ནས་སོགས་དང་། རྟག་ཏུ་རང་གིས་ཕེར་ཤ་སྒྲོགས་པ་དང་། །གཞན་གྱི་མི་ཤེས་མཚང་ནས་འདྲུ་བ་དང་། །ཐུབ་ཁ་བྱུང་ན་དགའ་བ་སྒྲོམ་པ་སོགས། །རང་གཞན་སུ་ཡི་རྒྱུད་ལའང་མ་གྱུར་ཅིག །

བྱམས་དང་སྙིང་རྗེ་ཕྱོགས་མེད་སྦྱོང་བ་དང་། །དོན་དམ་ལྷན་ཅིག་སྐྱེས་པའི་ཡེ་ཤེས་དེ། །རྒྱལ་བ་སྲས་བཅས་རྣམས་ཀྱིས་རྫོགས་པ་ལྟར། །བདག་གི་མངོན་སུམ་རྟོགས་པར་བྱིན་གྱིས་རློབས། །

འཁྲུལ་པ་དེ་ཉིད་ཤེས་པའི་རྣམས་སོགས། སྐྱེ་བ་ཀུན་ཏུ་དཔལ་ལྡན་སོགས།

སྐྱེ་བ་འདི་ནས་རིགས་བདག་མི་འཚོལ་ཞིང་། །བཅོམ་ལྡན་དྲག་པོའི་དཀྱིལ་འཁོར་འཛིན་བཞིན་དུ། །ཤེས་རབ་པཛྙོའི་བདུད་རྩེ་འཕུང་བྱས་ནས། །བྱང་ཆུབ་སྙིང་པོར་སྲིད་པ་མཐར་བྱེད་ཤོག །

Since you are never free of the three applications in
postmeditation,
Within the illusory nature, treasure cause and effect
And the three trainings as if they were your eyes.
Make whatever you do be for the sake of beings.
Recalling from my heart that death is certain,
Developing true devotion in my being,
And longing for freedom with complete revulsion,
May I receive the blessings of Mikyö Gawa.

Never may I or anyone, in our beings,
Continuously show off our own talents,
Expose another's private, hidden faults,
Or rejoice over mishaps, and so forth.

Just as the victors and their offspring
Have trained in loving-kindness and compassion
And perfected ultimate coemergent wisdom,
Bless me to realize these directly.

[At this point, there is an incomplete verse in the Tibetan text that is omitted from this translation.]

In all my births, may I serve Mikyö Dorje,
The glorious Karmapa, as my guru
And then achieve the unified kaya through
Unexcelled Secret Mantra's two-stage path.

From this life onward, may I never mistake the lord of the
family.
While upholding the mandala of the wrathful bhagavan,

སྐྱེ་བ་ཀུན་ཏུ་ཡོངས་འཛིན་དམ་སོགས། སྐྱེ་དང་ཚེ་རབས་ཀུན་དུ་མི་འབྲལ་ཤོག་གི་བར་བརྗོད། ཅེས་སོགས་གསོལ་འདེབས་སྨོན་ལམ་གང་སྤྲོ། བསྔོ་བའང་རང་གི་བློ་དང་འཚམས་པའི་གང་འོས་སམ། བསྡུས་ན། རྗེ་མི་བསྐྱོད་རྡོ་རྗེའི་མཛད་པས་བསྔོ་བ་འདི་བཞིན་བྱ་སྟེ།

༄ ཕྱོགས་བཅུ་ན་བཞུགས་པའི་སངས་རྒྱས་དང་བྱང་ཆུབ་སེམས་དཔའ་ཐམས་ཅད་བདག་ལ་དགོངས་སུ་གསོལ། དུས་གསུམ་གྱི་སངས་རྒྱས་བྱང་སེམས་དང་། རྣམ་ཐར་སྒོ་གསུམ་གྱིས་ཐུགས་ཅན་རྣམས་ཀྱིས་རང་གཞན་གྱི་ཟག་བཅས་ཟག་མེད་ཀྱི་དགེ་རྩ་ཐམས་ཅད་བྱང་ཆུབ་ཏུ་བསྔོས་པ་ཇི་ལྟ་བ་བཞིན་དུ། བདག་ཅག་ལ་སོགས་ཏེ་མཁའ་མཉམ་སེམས་ཅན་ཐམས་ཅད་ཀྱིས་ཀྱང་དེ་ལྟར་དུ་བསྔོ་བར་བགྱིའོ། །སངས་རྒྱས་བྱང་སེམས་དེ་དག་གིས་ཐུགས་བསྐྱེད་པ་དང་། སྨོན་ལམ་ཇི་ཙམ་དུ་སྨོན་པར་མཛད་པ་དེ་བཞིན་དུ་བདག་སོགས་སེམས་ཅན་ཐམས་ཅད་ཀྱིས་ཀྱང་དེ་ལྟར་དུ་སེམས་བསྐྱེད་པ་དང་སྨོན་པར་བགྱིའོ། །

May I drink the amrita of the lotus of prajna
And reach the end of existence at the essence of enlightenment.

In all my births, may I be accepted by
The supreme master, the Black Crown's sole bearer,
And by the essence of yidam deities,
Chakrasamvara, glorious Sublime Bliss.

I dedicate all efforts to gather virtue
That I and every sentient being have made
So that all beings may easily achieve
The heart of the path, devotion mahamudra,
And the nature of revulsion, the glorious guru,
Unified as the very state of Vajradhara—
The level of Lord Sangye, the yogi Denma Druptop.
In all my lives, may I never be parted
From glorious Sangye Nyenpa and his sons.

Recite these and whichever supplications and aspirations you wish. Recite whichever dedication matches your mind or, for a concise dedication, recite this one by Lord Mikyö Dorje.

All buddhas and bodhisattvas dwelling in the ten directions, think of me. Just as all the buddhas and bodhisattvas of the three times and all those who have realization through the three gates of liberation dedicate all their own and others' defiled and undefiled virtues to enlightenment, we and all sentient beings throughout space likewise make similar dedications. We and all sentient beings rouse bodhichitta and make aspirations to the

དེ་བཞིན་དུ་བདག་སོགས་སེམས་ཅན་ཐམས་ཅད་ཀྱིས་བླ་མ་ལ་ཞབས་ཏོག །དགེ་འདུན་ལ་བསྙེན་བཀུར། སྐྱེ་བོ་ལ་སྦྱིན་བཏང་། འབྱུང་པོ་ལ་གཏོར་མ། སྐུ་གསུང་ཐུགས་ཀྱི་རྟེན་བཞེངས་པ། བསླབ་པ་གསུམ། ཐོས་བསམ་སྒོམ་གསུམ། ཕ་རོལ་དུ་ཕྱིན་པ་བཅུའི་དགེ་རྩ། མདོ་རྒྱུད་མན་ངག་དང་བཅས་པ་ཉམས་སུ་བླངས་པའི་དགེ་རྩ་རྒྱ་མཚོ་དེས། སེམས་ཅན་རྒྱ་མཚོས་སངས་རྒྱས་རྒྱ་མཚོའི་གོ་འཕང་བརྙེས་ནས། བྱང་ཆུབ་རྒྱ་མཚོ་མངོན་དུ་བྱས་ཏེ་ཡེ་ཤེས་རྒྱ་མཚོ་དང་སྐུ་རྒྱ་མཚོས་འགྲོ་བའི་རྒྱ་མཚོ་སྐྱེམས་པའི་རྒྱུར་བསྔོའོ། །
ཅེས་སོ། །

དེ་ལྟར་མི་བསྐྱོད་རྡོ་རྗེས་མཛད་པའི་ཐུན་བཞིའི་གསོལ་འདེབས་དམིགས་རིམ་ཟུར་འདེབས་འདོན་སྒོམ་ཟུང་དུ་སྦྲེར་བ་ཞིག་དགོས་ཞེས་ཡང་རི་བླ་མ་བསོད་ནམས་བཟང་པོ་སོགས་དོན་གཉེར་དུ་མས་བསྐུལ་བའི་ངོར། ཨཱི་ཤྭ་ར་བཛྲ་ཞེས་བྱའི་ཕྱོགས་བཅུ་པས་ཐུན་ཁོངས་གཅིག་ཏུ་དཔལ་རྣམ་ཐོས་རི་བོའི་ཡང་དབེན་དུ་སྦྱར་བའི་བཀྲ་ཤིས་དཔལ་འབར་ཉམས་རྟོགས་འབར་ཞིང་བྱིན་རླབས་འཇུག་པའི་རྒྱུན་དུ་ཤོག་གོ། །།

same degree as those buddhas and bodhisattvas roused bodhichitta and made aspirations.

Likewise, I dedicate the oceans of my own and all sentient beings' virtue from serving the guru; serving the sangha; being generous to beings; dedicating tormas to spirits; creating images of body, speech, and mind; practicing the three trainings; listening, contemplating, and meditating; practicing the ten transcendences; and practicing the sutra, tantra, and pith instructions, so that the ocean of beings gain the state of the ocean of buddhas and manifest an ocean of enlightenment, causing oceans of wisdom and oceans of kayas to dry up the ocean of samsara.

At the request of several supplicants including Yangri Lama Sönam Sangpo, who said that additional supplications and visualizations for combined chanting and meditation of Mikyö Dorje's Four-Session were needed, the itinerant called Īśvara Vajra wrote this during one session at the isolated site, the Glorious Namtö Riwo Mountain. May the glory of auspiciousness blaze, may experience and realization increase, and may this become the ornament of receiving blessings.

༄ ཐུན་བཞིའི་གསོལ་འདེབས་ཀྱི་དམིགས་རིམ་ཟིན་བྲིས་ཤིན་ཏུ་གསལ་བ་བཞུགས་སོ།། །

མཁས་གྲུབ་ཀརྨ་ཆགས་མེད་ཀྱིས་མཛད།

༄༅། །ན་མོ་གུ་རུ་ཀརྨ་ཀཱ་ཡ། རྩ་བའི་བླ་མ་མི་བསྐྱོད་རྡོ་རྗེ་ནི། །ངོ་བོ་སྤྱན་རས་གཟིགས་དབང་དངོས་ཡིན་ཞིང་། །གུ་རུ་མཚན་བརྒྱད་ཞང་གི་སྐུ་བརྒྱད་དང་། །ཀརྨ་རབ་བརྒྱད་ངོ་བོ་གཅིག་པར་བཤད། །དེ་ཕྱིར་ཞང་གི་བཀའ་འབུམ་བཀའ་རྒྱ་ནས། །བཏུས་ཤིང་ཉུང་ཟད་བསྡོན་ཁ་བཏབ་ནས་ཀྱང་། །མི་བསྐྱོད་རྡོ་རྗེས་ཐུན་བཞི་འདི་ཉིད་མཛད། །

འདི་ཡི་དམིགས་རིམ་དབང་ཕྱུག་རྡོ་རྗེ་ལ། །ཡང་རི་དྭང་པ་བསོད་ནམས་བཟང་པོ་ཡིས། །ཞུས་ནས་མཛད་པའི་རྒྱས་པ་ཡོད་མོད་ཀྱང་། །གཞུང་འདིའི་དམིགས་རིམ་ཁོ་ན་མ་ཡིན་ཞིང་། །ཕྱག་ཆེན་ཆོས་དྲུག་སོགས་གུས་ཕྱག་ཆེན་གསུམ། །དོན་བསྡུས་དམིགས་རིམ་ཧ་ཅང་མང་དྲག་ཅིང་། །བར་སྐབས་འདོན་ཆ་སབ་རྒྱུ་མང་བའི་ཕྱིར། །དེ་ཉིད་འདོན་པའི་སྲོལ་ནི་མ་བྱུང་ངོ་། །

མགོ་འདིར་མ་ནམ་བཞི་བསྐོར་འདོན་སྲོལ་སྣང་། །འདི་ཉིད་གཞུང་ཚིག་ཉིད་ཀྱི་བསྒོམ་བྱ་ནི། །

Lucid Notes on the Visualizations for the Four-Session Guru Yoga

Karma Chakme

NAMO GURUKARMAKĀYA
The root guru Mikyö Dorje is taught to be
In nature truly Avalokiteshvara
And one in essence with the eight forms of
The Guru, the eight Shangs, and eight Karmapas.
Therefore, when Mikyö Dorje wrote the *Four-Session*,
He drew it from and augmented somewhat
Sealed teachings in the works of Lama Shang.

At Yangri Drungpa Sönam Sangpo's request,
Wangchuk Dorje wrote a long manual,
But it contains more than the visualizations
For just this text. It outlines mahamudra,
The six yogas, and devotion mahamudra.
There are too many stages of visualization,
Too many texts to insert in the middle,
So no custom of reciting it developed.

It's usual to start with the "Four Mothers."
The meditation for the text itself:

རང་ཉིད་ཐ་མལ་གནས་པའི་སྤྱི་བོའི་ཐད། །མཁའ་འགྲོ་དམར་མོ་མཛེས་ཞིང་ཡིད་དུ་འོང་། །དབུ་སྐྲ་སིལ་བུ་སྤྱན་གསུམ་ནམ་མཁར་གཟིགས། །སེང་ལྡེང་ཊཱ་རུ་ནརྟ་བདུད་རྩི་བསྣམས། །རྒྱན་མེད་གཅེར་བུ་གཟི་མདངས་འོད་ཟེར་འབར། །ཟག་མེད་བདེ་བ་ཆེན་པོས་རྒྱས་པའི་ཕྱིར། །གར་སྟབས་ཉམ་འགྱུར་སྣ་ཚོགས་ཅི་ཡང་སྟོན། །དཀར་མོ་སེར་མོ་དམར་མོ་ལྗང་མོ་དང་། །སྔོན་མོ་ནག་མོ་ཁྲ་མོའི་སྐུ་མདོག་ཅན། །དེ་འདྲ་གྲངས་མེད་བྱེ་བ་དུང་ཕྱུར་རྣམས། །ནམ་མཁའ་བར་སྣང་གང་བར་རྡུལ་བཞིན་འཚུབས། །དེ་དབུས་སྤྱི་གཙུག་ཐད་ཀྱི་ནམ་མཁའ་ལ། །འཇའ་གུར་འོད་ཕུང་འཁྲིགས་པའི་གུར་ཁང་ན། །པདྨ་ཉི་ཟླ་བརྩེགས་པའི་གདན་སྟེང་དུ། །མི་བསྐྱོད་རྡོ་རྗེ་ཆོས་དབྱིངས་རྡོ་རྗེ་སོགས། །རང་གི་གང་མོས་རྒྱལ་བ་ཀརྨ་པ། །ཆོས་གོས་ངུར་སྨིག་ཞྭ་ནག་གསེར་མདོངས་ཅན། །ཕྱག་གཉིས་རྡོ་རྗེ་དྲིལ་བུ་ཐུགས་ཀར་བསྣོལ། །ཞབས་གཉིས་རྡོ་རྗེ་སྐྱིལ་མོ་ཀྲུང་གིས་བཞུགས། །སངས་རྒྱས་ཐམས་ཅད་འདུས་པའི་ངོ་བོར་བསྒོམ། །

ན་མོ་གུ་རུ་ཞེས་པ་ནས་བཟུང་སྟེ། །གསོལ་བ་འདེབས་པའི་དུས་བར་དམིགས་པ་ཡིན། །དེ་ནས་སྣང་ཞིང་སྟོང་ལ་ཞེས་པ་ནས། །ཐུགས་ཀྱིས་བྱིན་གྱིས་རློབས་ཞེས་བྱ་བའི་བར། །སྐུ་གསུང་ཐུགས་ལ་རྩེ་གཅིག་གསོལ་བཏབ་པས། །

Before your crown (in your ordinary form)
Is a beautiful, attractive red dakini.
Her hair is loose; her three eyes gaze into space.
She holds a damaru of acacia wood
And bhandha filled with amrita as well.
She's naked, without any ornaments,
And blazes with light rays of vitality.
As undefiled great bliss intensifies,
She performs various dancing steps and moves.

Countless millions and billions of dakinis—
White, yellow, red, green, blue, black, multicolored—
Like her fill space and sky, swirling like dust.

Amid them in the sky before your crown
Inside a rainbow tent of gathering lights
On a stacked seat of lotus, sun, and moon,
Is Mikyö Dorje, Chöying Dorje, or
Whichever Gyalwang Karmapa you wish.

He wears three saffron-colored Dharma robes
And black crown with a gold blaze. His two hands hold
A vajra and a bell crossed at his heart.
He sits with his two legs in vajra posture.
Meditate he's the essence of all buddhas.

This is the visualization to be done
From "NAMO GURU" to "supplicate from my heart."

Then from "Appearing while empty . . ." up until
"The guru's mind," one-pointedly supplicate
His body, speech, and mind. From your doing so,

བླ་མའི་སྐུ་གསུང་ཐུགས་ལས་འོད་ཟེར་ནི། །ཁ་དོག་སྣ་ཚོགས་ནམ་མཁའ་ཁྱབ་པར་འཕྲོས། །སྟོང་གསུམ་འཛམ་གླིང་བྱེ་བ་ཕྲག་བརྒྱ་ན། །ཀརྨ་པ་ཉིད་བྱེ་བ་ཕྲག་བརྒྱ་སོགས། །ཞིང་ཁམས་ཐམས་ཅད་སྤྲུལ་པས་ཁྱབ་རྣམས་དང་། །སངས་རྒྱས་བྱང་སེམས་ཀུན་གྱི་ཐུགས་རྗེ་བསྐུལ། །ཐམས་ཅད་ཀརྨ་པ་ཡི་སྐུར་གྱུར་ཏེ། །དགེ་སློང་ཆ་ལུགས་ཞྭ་ནག་གསེར་མདོངས་ཅན། །ཕྱག་ཞབས་བཞི་པོ་བྱིན་བརླབས་ཕྱག་རྒྱ་མཛད། །འཇའ་འོད་མེ་ཏོག་ཆར་དང་སྤོས་དྲི་བཅས། །ནམ་མཁའ་བར་སྣང་གང་བར་བྱོན་ནས་ཀྱང་། །ཐམས་ཅད་སྤྱི་བོའི་ཀརྨ་པ་ལ་ཐིམ། །དེ་ལྟར་བསྒོམས་ཞིང་གུ་རུ་རཏྣ་ནས། །ཞི་བར་མཛོད་བར་དབྱངས་དང་བཅས་པས་འདོན། །འདི་ནི་སྨྱུན་འདྲེན་བྱིན་འབེབས་གཉིས་ཀ་ཡིན། །

འདི་ལྟར་དངོས་སུ་བྱོན་པ་སི་ཏུ་ཡི། །ཞལ་གཟིགས་ཐང་ཀ་ཡང་ནི་བྲི་སྲོལ་བྱུང་། །

དེ་ནས་ནམ་མཁའ་བར་སྣང་གང་བ་ཡི། །མཁའ་འགྲོ་ཐམས་ཅད་གཅིག་ལ་གཅིག་ཐིམ་ནས། །ཁ་དོག་ལྡ་དང་ནག་མོ་ཁྲ་མོ་བདུན། །སྤྱི་བོར་ཀརྨ་པ་ལ་བསྐོར་ནས་བཞུགས། །ལས་ཀྱི་མཁའ་འགྲོ་སྐུ་མདོག་ལྗང་མོ་ལས། །འོད་ཟེར་ལྗང་གུ་བདག་དང་བསྲུང་བྱ་ལ། །ཕོག་པས་ཕྲག་དོག་ལས་གྱུར་ནད་གདོན་གྲིབ། །ཐམས་ཅད་བ་མོར་ཉི་ཟེར་ཕོག་ལྟར་བསལ། །

There shine from the guru's body, speech, and mind
Light rays of various colors, filling the sky

And moving the Karmapa—whose emanations
Fill all the many billions of realms
Of the billion universes of the Three Thousands—
And the buddhas and bodhisattvas to compassion.

They all become in body the Karmapa
In a bhikshu's robes and black crown with gold blaze,
Their hands and feet all in the blessing mudra.
Filling the sky with rainbows, showers of blossoms,
And fragrances of incense, they all come
And dissolve into the Karmapa at your crown.

While meditating thus, recite the passage
From "As the guru ratna . . ." to "obstructors"—
The invitation and descent of blessings.

In Situ's vision, they actually came like this,
And a custom of depicting it developed.

The dakinis who fill the sky and space
Then dissolve one into another till
Dakinis of five colors, black, and pied
Encircle the Karmapa at your crown.

Green light from the green karma dakini
Strikes you along with the being to protect,
Dispelling, just like sunlight striking frost,
All illness, seizures, strokes, and döns from envy.

ཚེ་རབས་ཐོག་མ་མེད་ནས་ད་ལྟ་ཡན། །ཕྲག་དོག་ལས་གྱུར་སྡིག་སྒྲིབ་ཉེས་ལྟུང་ཀུན། །ལས་ཀྱི་མཁའ་འགྲོའི་དྲུང་དུ་བཤགས་པར་བསྒྲོམ། །དེ་བཞིན་རིན་ཆེན་མཁའ་འགྲོ་སེར་མོ་ལས། །འོད་ཟེར་གསེར་མདོག་འཕྲོས་པས་ང་རྒྱལ་ལས། །གྱུར་པའི་ནད་གདོན་གྲིབ་སོགས་བསལ་བ་དང་། །དེ་ཡི་དྲུང་དུ་ང་རྒྱལ་སྡིག་སྒྲིབ་བཤགས། །པདྨ་མཁའ་འགྲོ་དམར་མོའི་འོད་ཟེར་གྱིས། །འདོད་ཆགས་ལས་གྱུར་ནད་གདོན་གྲིབ་སོགས་བསལ། །ནད་གདོན་ཉེས་སྒྲིབ་དེ་ཡི་དྲུང་དུ་བཤགས། །སངས་རྒྱས་མཁའ་འགྲོ་དཀར་མོའི་འོད་ཟེར་གྱིས། །གཏི་མུག་ལས་གྱུར་ནད་གདོན་གྲིབ་སོགས་བསལ། །དེ་ཡི་དྲུང་དུ་གཏི་མུག་ཉེས་ལྟུང་བཤགས། །དམ་ཚིག་མཁའ་འགྲོ་ནག་མོའི་འོད་ཟེར་ནི། །མཐིང་ནག་འཕྲོས་པས་དམ་ཚིག་ཉམས་ཆགས་བསལ། །ནག་མོ་འདི་ནི་དཔལ་ལྡན་ལྷ་མོར་གཅིག །དེ་ཡི་དྲུང་དུ་དམ་ཚིགས་ཉམས་ཆགས་བཤགས། །རྡོ་རྗེ་མཁའ་འགྲོ་སྔོན་མོའི་འོད་ཟེར་གྱིས། །ཞེ་སྡང་ལས་གྱུར་ནད་གདོན་གྲིབ་སོགས་བསལ། །དེ་ཡི་དྲུང་དུ་ཞེ་སྡང་སྡིག་སྒྲིབ་བཤགས། །

Imagine in the karma dakini's presence
Confessing all your wrongs, veils, faults, and downfalls
That have arisen out of envy from
Lifetimes without beginning until now.

Likewise the yellow ratna dakini
Shines yellow light dispelling illness, döns,
Strokes, seizures, and the like that come from pride.
Confess before her wrongs and veils from pride.

Light rays from the red padma dakini
Eliminate döns, illness, strokes, and seizures
Arising from desire. Confess before her
Illness, döns, misdeeds, and obscurations.

The light of the white buddha dakini
Eliminates döns, illness, strokes, and seizures
And the like from delusion. Confess before her
All of the faults arising from delusion.

The black samaya dakini radiates
Dark-blue light rays dispelling violations
And broken samaya. She is the same
As Palden Lhamo. Confess in her presence
Violations and breakages of samaya.

The light of the blue vajra dakini
Eliminates döns, illness, strokes, and seizures
Arising from hatred. In her presence, confess
All obscurations and misdeeds from hatred.

སྣ་ཚོགས་མཁའ་འགྲོ་སྐྱ་མདོག་ཁྲ་མོ་ལས། །འོད་ཟེར་ཁ་དོག་སྣ་ཚོགས་འཕྲོས་པ་ཡིས། །དུག་གསུམ་ཚ་མཉམ་སྔོ་ནས་བསགས་པ་ཡི། །ནད་གདོན་གྲིབ་སོགས་མ་ལུས་ཐམས་ཅད་བསལ། །འགལ་འབྲེལ་ཉེས་ལྟུང་ཐམས་ཅད་དེ་ལ་བཤགས། །འདི་ནི་སྒྲིབ་སྦྱོང་མཆོག་ཏུ་གྱུར་པ་སྟེ། །སྤྲོས་མེད་དམིགས་པའི་མཁའ་འགྲོ་གྲིབ་སེལ་ཡིན། །འདི་ཉིད་འདི་རུ་དགོས་དོན་ཅི་ཞེ་ན། །ཆགས་ཉམས་སྡིག་སྒྲིབ་ལྡན་པའི་མི་དེ་ལ། །བླ་མའི་བྱིན་རླབས་འཇུག་པར་དཀའ་བ་སྟེ། །བྱིན་རླབས་མ་ཞུགས་ཉམས་རྟོགས་སྐྱེ་མི་སྲིད། །དེ་ཕྱིར་ཐོག་མར་སྡིག་སྒྲིབ་སྦྱོང་ཕྱིར་ཡིན། །ནད་པ་སོགས་ལ་གྲིབ་སེལ་བྱེད་པ་ཡང་། །དཔལ་འབར་གཙང་མ་མཐོ་ཚད་བདུན་བྱས་ལ། །དགེ་འདུན་པ་རྣམས་ཞྭ་ཁྲ་ཆོས་གོས་བྱས། །བླ་མས་ཕྱག་གཉིས་རྡོ་རྗེ་རྩེ་གཅིག་གི །ཕྱག་རྒྱས་དཔལ་འབར་ནད་པའི་སྟེང་དུ་བཟུང་། །དེ་ཉིད་གོང་ལྟར་མཁའ་འགྲོ་མར་བསྒོམ་སྟེ། །དེ་ཡི་འོད་ཀྱིས་ནད་དང་གྲིབ་སེལ་བསྒོམ། །

The vishva dakini's pied body shines
Light rays of various colors that dispel
All of the illnesses, döns, strokes, and seizures
Without exception that are accumulated
In the three times in equal parts. Confess
Every transgression, mistake, fault, and downfall.

This is the greatest cleanser of obscurations.
It is the Elimination of Strokes and Seizures
By Dakinis Focusing on the Unelaborate.

The need to do this here is that for people
Who have transgressions, misdeeds, and obscurations,
It's difficult to receive the guru's blessings.
Without the blessings, it's impossible
To develop experience and realization.
So this is to first purify wrongs and veils.

In order to perform the elimination
Of strokes and seizures for the ill and so forth,
Make seven tapers—clean, seven inches long.
The Sangha wear *sha tra* hats and Dharma robes.

With hands in the mudra of the one-pronged vajra,
The lama holds a taper over the patient.
Visualize that it is the dakini,
Just as above. Her light eliminates
The patient's illness, seizures, strokes, and döns.

Recite the stanza for each dakini
Till the flame is on the verge of going out.

མཁའ་འགྲོ་རེ་རེའི་ཞྭོ་ཀ་དེ་ལ། །མེ་ཏུ་ཟན་ལ་ཁད་པར་ཡང་ཡོག་འདོན། །མེ་ཏུ་ཟན་ནས་དེ་ཉིད་ཕྱི་ལ་དོར། །དེ་འདྲ་དཔལ་འབར་བདུན་པོ་རིམ་བཞིན་བྱ། །གོང་འོག་ཐུན་བཞི་གཞུང་ལྟར་ཚངས་མ་འདོན། །མཇུག་ཏུ་བཀྲ་ཤིས་བརྗོད་ཅིང་མེ་ཏོག་འཐོར། །འདི་ཡི་ལུགས་ཀྱི་མཁའ་འགྲོའི་གྲིབ་སེལ་གྱི། །ཕྱག་ལེན་ཡིན་ཞེས་སློབ་དཔོན་རྣམས་ཀྱིས་གསུངས། །དེ་ནི་ཞར་བྱུང་ཙམ་དུ་བཤད་པ་ཡིན། །དངོས་གཞི་མཁའ་འགྲོའི་གསོལ་འདེབས་ཚར་བའི་མཇུག །མཁའ་འགྲོ་བདུན་པོ་མཁའ་འགྲོ་དམར་མོར་ཐིམ། །དེ་ཉིད་འོད་ཞུ་རང་ལ་ཐིམ་པ་ཡིས། །རང་ལུས་ཐ་མལ་ལུས་འདི་གནས་འགྱུར་ནས། །རྡོ་རྗེ་ཕག་མོ་སྐུ་མདོག་དམར་མོ་ལ། །གཅེར་བུ་དབུ་སྐྲ་སིལ་མས་སྐུ་རྒྱབ་ནོན། །རྒྱན་ཆ་གཞན་མེད་མེ་ཏོག་དམར་པོས་བརྒྱན། །གྲི་གུག་བདུད་རྩེས་གང་བའི་ཐྲཀྐ་ཐོགས། །ཕག་ཞལ་མེད་ཅིང་སྤྱན་གསུམ་ནམ་མཁར་གཟིགས། །ཁ་ཊྭཾ་མེད་ཅིང་གཡས་བརྐྱང་གཡོན་བསྐུམ་གྱིས། །འོད་ཕུང་དཀྱིལ་དུ་པད་ཉིའི་གདན་ལ་བཞུགས། །དེ་ནས་སྤྱི་གཙུག་བཞུགས་པའི་ཀརྨ་པ༑ ༑མདུན་དུ་བྱོན་ནས་བདེ་མཆོག་སྐུར་གྱུར་ཏེ། །སྐུ་མདོག་སྔོན་པོ་སྤྱན་གསུམ་ཁྲོ་ཞིང་འཛུམ། །དབུ་སྐྲ་ཐོར་ཅུགས་ཟླ་ཕྱེད་རྡོ་རྗེས་བརྒྱན། །སྟག་ལྤགས་ཤམ་ཐབས་གླང་ཆེན་ཀོ་རློན་གསོལ། །

Then when it goes out, throw the taper outside.
Do this for each of the seven tapers in order.

Recite the entire text of the *Four-Session*
From the beginning to the end, concluding
With the auspicious verses and tossing flowers.

The masters taught that this is the ritual
For the Dakinis' Elimination of
Strokes and Seizures, taught here on the side.

The main practice follows the supplication
To the dakinis. The seven dakinis
Dissolve into the main red dakini
Who melts into light and dissolves into you.

This ordinary body of yours transforms
Into Vajravarahi. She's red and naked
With her hair loose and covering her back;
No other ornaments than just red flowers.

She holds a hooked knife and bhandha of amrita.
There's no sow's head. Her three eyes gaze into space.
Without a khatvanga, amid a mass of light,
She stands upon a lotus and sun seat
With her right leg straight and her left leg bent.

Then from your crown, the Karmapa comes before you,
Becoming Chakrasamvara in body,
Blue with three eyes and wrathful although smiling,
His hair in a topknot with a half moon and vajra.
He wears a tiger-skin skirt, fresh elephant hide,

རྡུལ་པའི་རྒྱུན་དྲུག་གསོལ་ཞིང་མེ་དཔུང་འབར། །ཕྱག་གཉིས་ཆོས་འབྱུང་ཕྱག་རྒྱ་སྤྱི་བོར་མཛད། །ཞབས་གཡས་བརྐྱང་ཞིང་གཡོན་བསྐུམ་གར་སྟབས་མཛད། །དེ་ལ་རང་ཉིད་མཁའ་འགྲོའི་ཕྱག་གཡོན་གྱིས། །བདུད་རྩི་དྲངས་པས་ཡེ་ཤེས་མེ་རབ་འབར། །དེ་ནས་རང་ཉིད་མཁའ་འགྲོའི་འོད་ཟེར་གྱིས། །དེ་ཉིད་ཧྲ་གའི་ནང་ནས་སྤྱན་དྲངས་ཏེ། །རང་ཉིད་མཁའ་འགྲོའི་ཐུགས་ཀར་བད་ཉེར་བཞུགས། །སྐབས་དེར་རང་ཉིད་གཅིག་པུ་ཡིན་ན་ནི། །ཁྱུམ་པ་ཅན་གྱི་རླུང་ནི་དྲག་ཏུ་བསྒོམས། །གཅིག་པུ་མིན་ན་བར་རླུང་བཟུང་བས་འཕྲུས། །དེ་ནས་སྙིང་ཁའི་ཧེ་རུ་ཀ་དེ་ཡི། །དཔྲལ་བར་ཨོཾ་དཀར་མགྲིན་པར་ཨཱཿདམར་པོ། །ཐུགས་ཀར་ཧཱུྃ་སྔོན་ལྟེ་བར་ཧྲོ་སེར་པོ། །སངས་རྒྱས་ཀུན་གྱི་སྐུ་གསུང་ཐུགས་དང་ནི། །ཡེ་ཤེས་བཞི་ཡི་ངོ་བོ་ཡིན་པར་བསྒོམས། །ནམ་མཁའ་གང་ནས་ཨོཾ་ཞེས་བྱ་བའི་བར། །ཚིག་འབྲུ་བཞི་དེ་ལན་གསུམ་གྱིར་བར་བྱ། །དེ་ནས་སྙིང་ཁའི་སངས་རྒྱས་ཀུན་འདུས་པའི། །ཧེ་རུ་ཀ་དཔལ་གཙ་བ་དེ་ལ། །བཟོད་གླགས་མེད་པའི་དད་གུས་རྩེ་གཅིག་པས། །རྗེ་བཙུན་དམ་པ་ཞེས་པ་ནས་བཟུང་སྟེ། །ཐམས་ཅད་མཁྱེན་པའི་བར་དུ་ཚར་གཅིག་འདོན། །གཙ་བ་མཁྱེན་དེ་ལ་བསྟེན་པ་བྱ། །

And six bone ornaments. He blazes with fire.
His two hands make the dharmodaya mudra
Above his crown. He stands in a dance posture,
With his right leg extended and left bent.

When you, the dakini, with your left hand,
Offer him amrita, the wisdom fire
Blazes forth. Light from you, the dakini,
Invites him into your bhaga and he sits
On a lotus and sun in your, the dakini's, heart.

If at this passage you are all alone,
Meditate forcefully on the vase breathing.
If not, intermediate breathing is sufficient.

The Heruka in your heart has a white OṂ
At his forehead, a red ĀḤ at his throat,
Blue HŪṂ at his heart, and yellow HOḤ at his navel.
Meditate that these are the essences of
All buddhas' body, speech, mind, and four wisdoms.
Chant three times the four lines from "Filling space"
To "Clearing stains, Trinlay Drakpo OṂ."

The Heruka in your heart, all buddhas in one,
Is the glorious Karmapa. With single-pointed,
Unbearable faith and dedication to him,
Recite a single time from "Exalted master"
Up through "All-knowing one, Karmapa KHYENNO."
Recite KARMAPA KHYENNO as the approach.

སྙིང་ནས་བྱིན་གྱིས་རློབས་ཤིག་ཟེར་སྐབས་དེར། །སྙིང་གའི་ཀརྨ་པ་དེ་འོད་དུ་ཞུ། །ཀརྨ་པ་ཡི་སྐུ་གསུང་ཐུགས་དང་ནི། །རང་གི་ལུས་ངག་ཡིད་གསུམ་དབྱེར་མེད་འདྲེས། །རང་ཉིད་མཁའ་འགྲོ་མ་ཡང་འོད་དུ་ཞུ། །དེ་ཡང་ནམ་མཁར་འཇའ་ཚོན་ཡལ་བཞིན་ཡལ། །ཅི་ཡང་མི་དམིགས་ཕྱག་ཆེན་ཉམས་ལེན་དང་། །དཔལ་ལྡན་བླ་མ་དམ་པ་ཞེས་པ་ནས། །མི་འབྲལ་ཤོག་ཅེས་བར་དུ་བརྗོད་པ་ཡིན། །འཁོར་གསུམ་ཡང་དག་དམིགས་མེད་བསྔོ་བ་ཡིན། །མོས་གུས་གསོལ་འདེབས་བྱིན་རླབས་ལ་བརྟེན་ནས། །འཕྲལ་དུ་གང་ཤར་ངོ་བོ་སྐྱོང་དེ་ལ། །གེགས་དང་གོལ་ས་གཅིག་ཀྱང་མི་འབྱུང་བ། །མོས་གུས་ཕྱག་ཆེན་གསང་སྔགས་ཉེ་ལམ་ཡིན། །

སྐྱེ་བ་ཀུན་ཏུ་དཔལ་ལྡན་ཀརྨ་པ། །ཞེས་སོགས་སྨོན་ལམ་འདི་ལ་འཇུག་སྒོ་གཉིས། །གལ་ཏེ་མི་ནས་མི་རུ་སྐྱེས་ན་ནི། །སངས་རྒྱས་སྟོང་གི་བསྟན་པ་མ་རྫོགས་བར། །ཀརྨ་པ་ཡི་སྤྲུལ་པ་མི་རྫོགས་པས། །དེ་དག་བླ་མར་བསྟེན་པའི་སྨོན་ལམ་ཡིན། །གལ་ཏེ་བདེ་བ་ཅན་དུ་སྐྱེ་འདོད་ན། །ཀརྨ་པ་དངོས་འཕགས་པ་སྤྱན་རས་གཟིགས། །འོད་དཔག་མེད་ཀྱི་ཉེ་གནས་ཚུལ་དུ་བཞུགས། །དེ་ཉིད་བླ་མར་བསྟེན་པའི་སྨོན་ལམ་ཡིན། །དེ་དོན་འབྲེལ་པ་ཐོགས་ཚིག་མཇུག་ན་གསལ། །

When you recite "Protect all beings forever,"
The Karmapa in your heart melts into light.
The body, speech, and mind of the Karmapa
Inseparably merge into your own,
And you, the dakini, melt into light.
Then this dissolves in space just like a rainbow.

Observing nothing, practice mahamudra
And chant from "I supplicate . . ." to "and his sons,"
Making nonreferential dedications
That are completely pure of the three spheres.

Due to the blessings of this devoted prayer,
You won't have even one obstruction or pitfall
To sustaining immediately the essence of
Whatever occurs. Devotion mahamudra
Is the shortest path of Secret Mantrayana.

There are two ways to make the aspiration,
"In all my births, may I serve Mikyö Dorje."
If you are reborn human, the emanations
Of the Karmapa will not end until
The end of the teachings of the thousand buddhas,
So this is a prayer to serve them as your gurus.

If you wish for rebirth in Sukhavati,
The actual Karmapa, Lokeshvara,
Dwells there as a disciple of Amitabha.
This is a prayer to serve him as your guru.
This point is made clear at the end of the prayer
Called "Making a Connection Is Enough."

ཐུན་བཞི་འདི་ཉིད་བླ་སྒྲུབ་མཆོག་ཡིན་ཏེ། །རྫོགས་རིམ་བསྐལ་པ་དུ་མའི་བར་དག་ཏུ། །འདུ་འཛི་རྣམ་གཡེང་སྤངས་ནས་བསྒོམ་པ་དང་། །ཡི་དམ་དཀྱིལ་འཁོར་བྱེ་བ་བསྒོམ་པ་བས། །བླ་མ་ལན་གཅིག་བསྒོམ་པ་ལྷག་པ་དང་། །ཡི་དམ་བསྙེན་བསྒྲུབ་བྱེ་བ་ས་ཡ་ལས། །བླ་མའི་གསོལ་འདེབས་ལན་གཅིག་ལྷག་པའི་ཚུལ། །གསང་སྔགས་རྒྱུད་སྡེ་རྣམས་ལས་གསུངས་པའི་ཕྱིར། །ཡང་ཟུར་གྲྭ་གསུམ་སྒོམ་གྲྭ་ལ་སོགས་སུ། །ཉིན་གསུམ་མཚན་གསུམ་འདི་ལ་ཐུན་བཟུང་སྟེ། །གསོལ་འདེབས་ཚོགས་པ་ལྷག་པོར་མཛད་སྲོལ་ཡོད། །སྲོད་དང་ཐོ་རངས་ནམ་ཕྱེད་ལན་གསུམ་དུ། །མཁར་རྗ་བཏང་རྗེས་ཆོས་ཁྲིམས་པ་དེ་ཡིས། །སྒྲར་པ་བསྒྲོར་ནས་ཅོག་བུ་ཐམས་ཅད་ཅུག །མ་བརྟེན་གཉིད་ནི་བསྡད་ན་ཆད་པ་ཡོད། །ཀཾ་ཚང་ཉམས་ལེན་གཙོ་བོ་འདི་རང་ཡིན། །འདི་ལྟར་གསོལ་བ་འདེབས་པར་བྱེད་པའི་ཡུལ། །གསོལ་བ་ཁྲི་བཏབ་ཞག་བཏབ་འཚང་མི་རྒྱ། །བླ་མ་མིན་པ་བླ་མར་མ་བཅོས་པ༔ ༔བླ་མ་ཡིན་ལ་བླ་མར་བྱོན་པ་ཡིན། །སངས་རྒྱས་མཉན་པ་འདྲ་ཞིག་དགོས་ཞེས་གསུངས། །དེ་དོན་ཤཱཀྱ་ཐུབ་པས་ལུང་བསྟན་ཅིང་། །ཨོ་རྒྱན་པདྨ་མཚན་རྣམས་བཏགས་པ་ཡིན། །དང་པོ་དུས་གསུམ་མཁྱེན་པ་ནས་བཟུང་སྟེ། །ཆོས་དབྱིངས་རྡོ་རྗེ་ཡེ་ཤེས་རྡོ་རྗེ་དང་། །བྱང་ཆུབ་རྡོ་རྗེ་བདུད་འདུལ་རྡོ་རྗེ་སོགས། །བཅུ་གསུམ་འདི་དག་སྨིན་རས་གཟིགས་དབང་དངོས། །

Four-Session is the greatest guru sadhana.
Meditating on the guru once is better
Than meditating on the completion stage
For aeons without diversions or distractions
Or on ten million yidams' mandalas.

As taught in the tantras of the Secret Mantra,
A single supplication to the guru
Exceeds performing millions of approaches
And accomplishments of a yidam deity.

In meditation camps such as Yangri, Surri,
And Dratsang, there was a custom of reciting
These verses of prayer three sessions each day and each night.
Three times—at evening, midnight, and daybreak—
A gong would sound; the master of discipline
Would circle the camp, checking each one-man tent
And punishing those who slept and did not chant.
This is the principal practice of the Kamtsang.

Regarding the one to whom you supplicate—
You won't awaken praying to dogs or pigs.
Don't make a guru out of someone who's not.
It should be someone like Sangye Nyenpa, who is
A guru and comes as one, taught Mikyö Dorje.

The meaning of this is that the thirteen
Prophesied by the Shakyamuni Buddha
And given their names by Uddiyana Padma
From Dusum Khyenpa, the first, to Chöying Dorje,
Yeshe Dorje, Jangchup Dorje, and Dudul Dorje
Are actually Avalokiteshvara.

དེ་དག་ཉོར་འཕྲུལ་ཡོང་བའི་སྐབས་མེད་དོ། །གོང་མས་རྒྱབ་མ་གར་འཕྲངས་བཀའ་ཤོག་བཞག །མཆོག་གི་སྤྲུལ་སྐུ་རྟྣ་རི་མཆོ་དཀར་དུ། །སྐུ་མཚམས་མཛད་ཅིང་ཐུགས་དམ་བརྟགས་པའི་སྐྱོལ། །དེ་ཚེ་ཡི་དམ་མཁའ་འགྲོའི་ལུང་བསྟན་གསལ། །དེ་ཕྱིར་བརྒྱུད་པ་འདི་རུ་ཞུགས་ཕྱིན་ནས། །དམ་ཆོས་ཚུལ་བཞིན་ཉམས་སུ་མ་ལོན་ཀྱང་། །བླ་མའི་ཕྱོགས་སུ་མགོ་བོ་བསྟན་བྱས་ཏེ། །ཉལ་ནས་བསྡད་ཀྱང་དོན་ཆེན་འགྲུབ་བོ་གསུངས། །

ཞེས་པ་གྲྭ་སློབ་རྣམས་ལ་ཕན་པའི་ཕྱིར། །རྣ་ག་ཨ་སྨྲས་ཚིག་ཙུང་དོན་འདུས་སྨྲས། །བཤེས་གཉེན་མཐར་ཕྱིན་ཞེས་བྱས་ཡི་གེར་བཀོད། །འདི་ལ་འགལ་འཕྲུལ་ཉེས་པ་གང་མཆིས་བཤགས། །དགེ་བས་འདི་ཉིད་མཐོང་ཐོས་དྲན་རེག་རྣམས། །མོས་གུས་ཕྱག་ཆེན་ཡེ་ཤེས་འབར་བར་ཤོག །

མངྒ་ལཾ།། །།

There's no chance of there being any mistake—
Each predecessor leaves a letter that
Predicts where his successor will take birth.

When in retreat at the White Lake in Tsari,
By custom, the Karmapa will examine
While in meditation, and the predictions
Of the yidams and dakinis will be clear.

Therefore, all those who join this lineage,
Even if afterward they do not practice
True Dharma properly but just lie down
With their heads pointing in the guru's direction,
Will accomplish a great purpose, it is said.

To benefit monastics and disciples,
I, Raga Asya, made this short summary.
The scribe was Shenyen Tarchin. I confess
All contradictions and mistakes in it.
Because of this virtue, may everyone
Who sees, hears, remembers, or encounters this
Blaze with the wisdom of devotion mahamudra.
MAṄGALAṂ

༈ གསོལ་འདེབས་ཐུན་བཞིའི་དམིགས་རིམ་འགགས་འདུས་རྩ་ཚང་བཞུགས་སོ། །

ཀརྨའི་མཁན་ཆེན་རིན་ཆེན་དར་རྒྱས་ཀྱིས་མཛད།

༄༅། །ན་མོ་གུ་རུ་བཛྲ་དྷཱ་ར་ཀརྨ་ཀཱ་ཡ། ཐུན་བཞིའི་དམིགས་རིམ་མཁས་གྲུབ་ཆགས་མེད་ཞབས་ཀྱི་ཡིག་ཆ་ལྟར་ཞིབ་ཆ་དགོས་ཤིང་། འདིར་གནད་འགགས་དང་རྩ་བའི་ས་བཅད་ཚང་བ་ཙམ་ཞིག་བརྗོད་པ་ལ་གནད་འགགས་ནི་ཡི་གེ་བཞི་ལ་ཚང་བ་ཡིན་ཅིང་། དངོས་གཞི་རླུང་བུམ་ཅན་ལ་སྦྱར་དགོས་ཏེ༔ ནམ་མཁའ་གང་བའི་མི་བསྐྱོད་རྡོ་རྗེ་ཨཱཿ ཞེས་པ་རླུང་ནང་དུ་རྔུབ་པ་སྟེ། ལྕགས་ཀྱུ་ལྟར་འགུག་པ་བྱ། འོད་ཟེར་འགྱེད་པའི་རྡོ་རྗེ་དགའ་བ་ཧོཿ ཞེས་པ་དགང་བ་སྟེ། བུམ་པ་བཞིན་དུ་དགང་བར་བྱ། ཐོ་ཉ་འབར་བའི་དབྱངས་ཅན་ནུས་པ་ཧཱུྃ། ཞེས་པ་སྦྱོམ་པའམ་གཞིལ་བ་སྟེ། རྒྱ་མདུད་བཞིན་དུ་བསྡམ་པར་བྱ༔ དྲི་མ་སེལ་བའི་ཕྲིན་ལས་དྲག་པོ་ཨོཾ། ཞེས་པ་འཕང་བ་སྟེ། མདའ་ལྟར་ཕྱི་ལ་འཕེན་པར་བྱ། ཞེས་ཧཱུ་དགཱ་གཞིལ་འཕ་གི་རླུང་སྦྱོར་བ་བཞི་ལྡན།

ཡི་གེ་བཞི་སྐུ་བཞི་སྟེ། ཨོཾ་སྐུ་རྡོ་རྗེ་སྤྲུལ་སྐུ། ཨཱཿ གསུང་རྡོ་རྗེ་ལོངས་སྐུ། ཧཱུྃ་ཐུགས་རྡོ་རྗེ་ཆོས་སྐུ། ཧོཿ ཡེ་ཤེས་རྡོ་རྗེ་ངོ་བོ་ཉིད་ཀྱི་སྐུའོ། །

རྨི་ལམ་གྱི་གནས་སྐབས་དག་པ་ལོངས་སྐུ་གསུང་རྡོ་རྗེ། ཡི་གེ་ཕྲི་དང་ཨཱཿ ལས་བཞི་ལས་ཞི་བ། ཆགས་པ་སྙོམས་འཇུག་གི་གནས་སྐབས་དག་པ་ཡེ་ཤེས་རྡོ་རྗེ་བདེ་བ་ཆེན་པོའི་སྐུ། ཡི་གེ་མ་དང་ཧོཿ ལས་བཞི་ལས་རྒྱས་པ།

Key Points and Main Topics of the Visualizations for the Four-Session Guru Yoga

Karmay Khenchen Rinchen Dargye

NAMO GURU VAJRADHĀRA KARMAKĀYA

The details of the visualizations for the *Four-Session* should be as in Karma Chakme's manual. Here I shall only describe the key points and all the main topics.

The key points are all included in the four syllables, which should be combined with the main practice, vase breathing. Draw the breath in on "Filling space, Mikyö Dorje ĀḤ," summoning like a hook. Fill on "Radiating light, Dorje Gawa HOḤ," filling like a vase. Tighten or pack on "Blazing messenger, Yangchen Nupa HŪṂ," tying it like a knot. Expel it on "Clearing stains, Trinlay Drakpo OṂ," shooting it out like an arrow. It should have the fourfold pranayama—inhaling, filling, packing, and expelling.

The four syllables are the four kayas. OṂ (ཨོཾ) is vajra body, the nirmanakaya; ĀḤ (ཨཱཿ) is vajra speech, the sambhogakaya; HŪṂ (ཧཱུྃ) is vajra mind, the dharmakaya; and HOḤ (ཧོཿ) is vajra wisdom, the svabhavikakaya.

When purified, the phase of dreaming is the sambhogakaya, the vajra speech, the syllables VAṂ (ཝཾ) and ĀḤ (ཨཱཿ), and among the four activities, the peaceful. When purified, the phase of lust and absorption is vajra wisdom, the great bliss kaya, the syllables

གཉིད་འཐུག་གི་གནས་སྐབས་དག་པ་ཆོས་སྐུ་ཐུགས་རྡོ་རྗེ། ཡི་གེ་ཡ་དང་ཧཱུྃ། ལས་བཞི་ལས་དབང་། སད་པ་ཐ་མལ་གྱི་གནས་སྐབས་དག་པ་སྤྲུལ་སྐུ་སྐུ་རྡོ་རྗེ། ཡི་གེ་ཨེ་དང་ཨོྃ། ལས་བཞི་ལས་དྲག་པོ། ཨོྃ་ལུས་ཧེ་རུ། ཨཱཿངག་སྙེ་ལྷུང་། ཧཱུྃ་ཡིད་དེ་ཐིག་ལེ། རྣ་ཡེ་ཤེས་སོ། །

ནམ་མཁའ་ཞེས་པ་ནང་གི་ནམ་མཁའ་སྙེ་རུ་དབུ་མ། གང་བ་ནི་ཁྲབ་པ། མི་བསྐྱོད་རྡོ་རྗེ་ཞེས་པ་གཞོམ་གཞིག་དང་བྲལ་བ་རྣམ་ཀུན་མཆོག་ལྡན་གྱི་སྟོང་གཟུགས་ཕྱག་རྒྱ་ཆེན་མོ། འོད་ཟེར་འགྱེད་ཞེས་པ་ནི་མཚན་དཔེ་ལ་སོགས་པའི་ཡོན་ཏན་སྒྲོ་བ། རྡོ་རྗེ་དགའ་བ་ནི་སྤྱི་བོའི་ཧཾ་ཡིག །ཕོ་ཉ་འབབ་པ་ནི་ལྟེ་བའི་ཨ་ཤད། དབྱངས་ཅན་ཐུས་པ་ནི་གཞོམ་མེད་ན་དའི་སྒྲའམ་སྒྲོག །དྲི་མ་སེལ་བའི་ཕྲིན་ལས་དྲག་པོ་ཞེས་པ་རོ་རྐྱང་གཟུང་འཛིན་གྱི་དྲི་མ་སེལ་བར་བྱེད་པའམ་དག་པར་བྱེད་ལ། ལས་ཀྱི་རླུང་དབུ་མར་དག་པའི་ཐབས་དྲག་རླུང་གི་སྦྱོར་བའོ། །

མཚན་བཞི་ལས། སྐུ་ཕྲིན་ལས་དྲག་པོ། གསུང་མི་བསྐྱོད་རྡོ་རྗེ། ཐུགས་དབྱངས་ཅན་ཐུས་པ། ཡོན་ཏན་རྡོ་རྗེ་དགའ་བ། ཡི་གེ་བཞི་པོ་ཐམས་ཅད་ཡི་གེ་གསུམ་རེ་འདུས་པ་ནི། མ་དག་པ་འཁོར་བའི་གནས་སྐབས་སུ་ཁུ་རྡུལ་རླུང་གསུམ། གནས་པ་རྩ་ལ་ལྟོས་ན་དབུ་རྐྱང་རོ་གསུམ། གཡོ་བ་རླུང་ལ་ལྟོས་ན་དེ་ནང་གི་རླུང་གསུམ། དག་པའི་ཚེ་སྐུ་གསུང་ཐུགས་ཀྱི་རྡོ་རྗེ་གསུམ། བཀོད་པ་བྱང་ཆུབ་སེམས་ལ་ལྟོས་ན་དེ་ནང་གི་ཐིག་ལེ་གསུམ་དག་པའོ། །

ཡི་གེ་སྦྱོར་ཐིག་ལེ་སྤྱི་བོའི་ཧཾ་ཡིག་རྣམ་བཅད་ལྟེ་བའི་ཨ་ཤད། ན་ད་སྙིང་གའི་རླུང་དག་པ་ཡིན་ནོ། །

MA (མ) and HOḤ (ཧོཿ), and among the four activities, the enriching. When purified, the phase of deep sleep is the dharmakaya, the vajra mind, the syllables YA (ཡ) and HŪṂ (ཧཱུྃ), and among the four activities, the magnetizing. When purified, the ordinary phase of waking is the nirmanakaya, the vajra body, the syllables E (ཨེ) and OṂ (ཨོཾ), and among the four activities, the wrathful.

OṂ (ཨོཾ) is body, the nadis. ĀḤ (ཨཱཿ) is speech, the pranas. HŪṂ (ཧཱུྃ) is mind, the bindus. HOḤ (ཧོཿ) is wisdom.

Space means inner space, the central nadi. *Filling* is pervading. *Mikyö Dorje* means mahamudra, the empty form beyond destruction endowed with the greatest of all aspects. *Radiating light* means projecting the qualities of the marks, signs, and so forth. *Dorje Gawa* means the syllable HAṂ (ཧཾ) at the crown. *Blazing messenger* means the A stroke in the navel. *Yangchen Nupa* means the sound or life-force of the indestructible nada. *Clearing stains, Trinlay Drakpo* means dispelling or purifying all the stains of apprehended and apprehender in the rasana and lalana, and also forceful pranayama, the method for purifying the karmic prana in the central nadi.

Of the four names, the body is Trinlay Drakpo, speech is Mikyö Dorje, mind is Yangchen Nupa, and qualities are Dorje Gawa. All four syllables can be included in each set of three words: During the impure samsaric phase, they are shukra, rajas, and the pranas. In relation to the nadis, which rest, they are the central, left, and right. In relation to the pranas, which move, they are the three pranas inside the nadis. When purified, they are the three vajras of body, speech, and mind. In relation to bodhichitta, which is placed, they are the three bindus inside those.

For the letters in general, the bindu is the HAṂ (ཧཾ) at the crown, the visarga is the A stroke at the navel, and the nada is the pure prana at the heart.

གཉིས་པ་བསྒོམ་དོན་ས་བཅད་ཙམ་འགོད་པ་ལ། ན་མོ་གུ་རུ་ཞེས་བླ་མ་ལ་ལུས་ངག་ཡིད་གསུམ་གུས་པ་ཆེན་པོས་ཕྱག་འཚལ་བ་སྔོན་དུ་འགྲོ་བས། རང་གི་སྤྱི་གཙུག་མདུན་ཐད་ཀྱི་ནམ་མཁར་མཁའ་འགྲོ་དམར་མོ་ཞལ་རང་ལ་གྲུ་བ་གཡས་སེང་ལྡེང་གི་ཌཱ་མ་རུ་དང་གཡོན་ཐོད་ཁྲག་བདུད་རྩིས་གང་བ་བསྣམས་པ་དབུ་སྐྲ་གནག་སྨུམ་སིལ་མས་སྐུ་རྒྱབ་ཁེབས་པ། སྤྱན་གསུམ་ནམ་མཁར་གཟིགས་པ། དེ་ལས་རང་འདྲ་ལྷ་མོ་དཀར་སེར་དམར་ལྗང་སྔོ་ནག་ཁྲ་མོའི་ཚོགས་བྱུན་ལོང་སྟེ་ཉི་ཟེར་གྱི་རྡུལ་ལྟར་འཁྲིགས་པ་གཙོ་མོ་དམར་མོའི་སྤྱི་གཙུག་ཏུ་གཞུང་ལྟར་རང་གི་དྲིན་ཅན་གྱི་བླ་མ་པདྨ་པ་དེ་བསྒོམས་ལ།

ཀྱེ་ཞེས་བླ་མ་ལ་མོས་གུས་གདུང་བ་དྲག་པོས་འབོད་པ་སྔོན་དུ་འགྲོ་བས། བླ་མའི་སྐུ་གསུང་ཐུགས་ལ་གསོལ་བ་བཏབ་པས། བླ་མའི་གནས་གསུམ་ནས་འོད་ཟེར་དཀར་དམར་མཐིང་ག་འཕྲོས། ཕྱོགས་བཅུའི་ཞིང་རབ་འབྱམས་ནས་རྒྱལ་བ་སྲས་དང་བཅས་པ་ཐམས་ཅད་བླ་མ་པདྨ་པ་སྒོམ་པ་དེ་འདྲ་བའམ། ཕྱག་ཞབས་མཐིལ་བསྟན་བྱིན་རླབས་དཔལ་འབར་མ། ཞེས་པའི་རྣམ་པ་གང་བདེ་ཆར་བབ་པ་ལྟར་བྱོན་ནས་སྤྱི་གཙུག་གི་པདྨ་པ་ལ་ཐིམ་པར་དམིགས། ཀྱེ་གུ་རུ་རཏྣ་སོགས་ཀྱིས་སྤྱན་འདྲེན་དང་བྱིན་འབེབས་བྱ།

དེ་ནས་མཁའ་འགྲོ་རྣམས་གཅིག་ལ་གཅིག་ཐིམ་གྱིས་མཁའ་འགྲོ་བདུན་དུ་བསྡུས་ལ། དུག་ལྔའི་སྒྲིབ་པ། དམ་ཚིག་ཆག་ཉམས། སྒོ་གསུམ་ཆ་མཉམ་མས་དུག་ལྔ་ཆ་མཉམ་གྱི་སྡིག་སྒྲིབ་རང་གི་རྒྱུད་ལ་འཁྲིས་པ་སྐྱེ་གོས་པ་རྣམས་འོད་ཟེར་ཐོག་པ་ཙམ་གྱིས་སངས་ཀྱིས་དག་པར་བསམ།

མཁའ་འགྲོ་གཞན་རྣམས་གཙོ་མོ་དམར་མོ་ལ་ཐིམ། གཙོ་མོ་རང་ལ་ཐིམ་པས་རང་ཉིད་རྡོ་རྗེ་ཕག་མོ་དམར་མོ་ཕག་ཞལ་མེད་པ། མེ་ཏོག་དམར་པོའི་

Second, to present just the main topics of the meditation: With NAMO GURU, first prostrate with great respect with body, speech, and mind. Then meditate that in the sky directly in front of the crown of your head is a red dakini, facing you, holding an acacia-wood damaru in her right hand and bhandha filled with amrita in her left. Her hair, which is shiny, black, and loose, covers her back, and her three eyes gaze into space. Meditate that swirling out from her is a crowd of white, yellow, red, green, blue, black, and multicolored dakinis who look like her, streaming like dust motes in sunlight. Above the red principal dakini's crown, as described in the text, is the guru, the Karmapa, whose kindness you have received.

Saying KYE! invoke the lama with fervent pangs of devotion and then supplicate the guru's body, speech, and mind. Due to this, white, red, and blue lights shine from the guru's three places. Visualize that the buddhas and their offspring from the infinite realms in the ten directions, in the form of the guru Karmapa as you have visualized him or showing the palms of their hands and soles of their feet in the form called "The Blazing Glory of Blessings," whichever is easier, come as if showering like rain and dissolve into the Karmapa above your crown. Do the invitation and descent of blessings with "KYE! As the guru ratna approaches . . ." and the following lines.

Then the dakinis dissolve one into another, condensing into seven dakinis. Think that merely being struck with their light cleanses the obscurations of the five poisons, violations of samaya, and misdeeds and obscurations from the three gates or five poisons in equal measure that are caught up in or stain your being, so that you are purified.

The other dakinis dissolve into the principal red dakini. Meditate that the principal dissolves into you, and you become Vajravarahi, red but with no sow's head. Other than a garland of red

ཐྲེང་བ་ལས་རྒྱན་གཞན་དང་ཁ་ཊྭཱཾ་མེད་པ། གཡས་གྲི་གུག་དང་གཡོན་བདུད་རྩིས་གང་བའི་ཐོད་པ་བསྣམས་པ། ཞབས་གཡས་བསྐུམ་གཡོན་བརྐྱང་གི་གར་སྟབས་ཅན་དུ་བསྒོམ་ལ།

མདུན་གྱི་ནམ་མཁའི་ཀླ་པ་དེ་འཁོར་ལོ་བདེ་མཆོག་ཡབ་རྐྱང་དུ་གནས་གྱུར་པ་ལ། རང་ཉིད་རྡོ་རྗེ་ཕག་མོར་གསལ་བས་བདུད་རྩི་དྲངས་པས་ཡེ་ཤེས་ཀྱི་མེ་དམར་ཤུར་གྱིས་འབར་ཞིང་། རང་ཉིད་རྡོ་རྗེ་རྣལ་འབྱོར་མར་གསལ་བའི་ཐུགས་ཀར་བད་ཉིའི་གདན་ལ་བཞུགས་པར་བསྒོམ། ཐུམ་པ་ཅན་ནམ། བར་ཐུང་ཞེས་སྐྱེད་པ་ཉག་ཙམ་ལ་ཐོ་བ་ལྡིར་བར་བྱ་ཞིང་། ནང་དུ་ཨན་ཙམ་རི་གནོན་པ་ལས་གཞན་མེད། ཧེ་རུ་ཀའི་གནས་བཞིར་ཡི་གེ་ཨོཾ་དཀར་ཨཱཿདམར་ཧཱུྃ་སྔོ་ཧོ་སེར་བཞི་གསལ་འདེབས།

རྗེ་བཙུན་དམ་པ་ཞེས་པ་དད་པ་ཅན་འཁོར་བའི་རྒྱ་མཚོ་ལས་སྒྲོལ་བས་རྗེ་བཙུན་དམ་པ་སྟེ། དབང་བཞི་པའི་ཡེ་ཤེས་སློབ་མའི་རྒྱུད་ལ་བསྐྱེད་པའམ་འཛོ་བར་ནུས་པས་དམ་པའོ། །སྐུ་བཞིའི་དབང་ཕྱུག་ཕྲིན་ལས་བཞིའམ་ལས་བཞི་ལ་རང་དབང་ཐོབ་པའི་སངས་རྒྱས་དངོས་ཀྱི་འདུ་ཤེས་བསྐྱེད་ཅིང་བླ་མ་རང་སེམས་སངས་རྒྱས་དབྱེར་མེད་པ་སྣང་བཅས་ཀྱི་ངང་ལ་ཀར་མཁྱེན་འདྲེན་ཅིང་མཉམ་པར་བཞག་གོ །

བཞག་པའི་ཚུལ་ནི། སློབ་དཔོན་ཆེན་པོས། ད་ལྟའི་ཤེས་པ་སོ་མ་ལ། །
ངོ་བོ་སྟོང་པ་ཆོས་ཀྱི་སྐུ། །རང་བཞིན་གསལ་བ་ལོངས་སྤྱོད་རྫོགས། །འཆར་ཚུལ་སྣ་ཚོགས་སྤྲུལ་པའི་སྐུ། །སངས་རྒྱས་གཞན་ན་བཙལ་དུ་མེད། །
སྒོམ་ཡང་མ་སྒོམ་སོ་མར་ཞོག །ལྟ་ཡང་མ་ལྟ་སོ་མར་ཞོག །སྤྲོ་ཡང་མ་སྤྲོ་སོ་མར་ཞོག །

flowers, you have no ornaments and no khatvanga. Your right hand holds a hooked knife and your left a skull cup filled with amrita. You are in the dance posture with your right leg bent and left leg straight.

The Karmapa in the sky before you transforms into the solitary male Chakrasamvara. Visualizing yourself as Vajravarahi, give him amrita, which makes the wisdom fire flare up with a blaze. Meditate that he sits on a lotus and sun in your heart, visualizing yourself as Vajravarahi. Do vase breathing or hold the intermediate breath, which is no more than just tucking your chin slightly and extending your belly while internally pressing slightly. Visualize the four syllables—a white OṂ (ཨོཾ), red ĀḤ (ཨཱཿ), blue HŪṂ (ཧཱུྃ), and yellow HOḤ (ཧོཿ)—in the Heruka's four places.

"Exalted master" means that since he liberates the faithful from the ocean of samsara, he is the exalted master. He is exalted because he is able to produce or transmit the wisdoms of the four empowerments in the student's being. "Lord of the four kayas" means that you conceive of him as being an actual buddha who has achieved mastery over the four karmas or four activities. In a state where the guru, your mind, and the buddha appear inseparable, recite KARMAPA KHYENNO and rest in equipoise.

The manner of resting is as described by the Great Rinpoche:

> In the fresh mind of now,
> The empty essence is dharmakaya.
> The clear nature is sambhogakaya.
> The various appearances are nirmanakaya.
> There's no buddha to be sought elsewhere.
> Even meditating, don't meditate; rest in freshness.
> Even looking, don't look; rest in freshness.
> Even thinking, don't think; rest in freshness.

བསྒྱུ་ཡང་མ་བསྒྱུ་སོ་མར་ཞོག །ཡེངས་ཀྱང་མ་ཡེངས་སོ་མར་ཞོག །གང་ཤར་རང་བཞག་སོ་མ་ལ། །ངང་དྭངས་རྒྱ་མཚོ་དྭངས་པ་འདྲ། །བདེ་གསལ་མི་རྟོག་ལྷུན་གྱིས་གྲུབ། །ཅེས་གསུངས་པ་ལྟར། གང་ཤར་རྟོག་པའི་ངོ་བོ་སོ་མ་དེ་ཉིད་མ་བཅོས་དེ་གར་འཇོག་པའི་སྒོམ་ཆེན་པ་རྣམས། སྒོམ་ཡུན་བསྲིངས་ན་བསྒོམ་བྱའི་བློ་དང་བྲལ་ནས་དམིགས་པ་མེད་པར་རབ་ཏུ་ཞི་བ་མཐོང་ལམ་རྣམ་པར་མི་རྟོག་པའི་ཡེ་ཤེས་དེ་མངོན་སུམ་དུ་མཐོང་བར་འགྱུར་རོ། །

འདི་སྐབས་རྡོ་རྗེ་འཆང་ཆེན་ཡོན་ཏན་བརྒྱད་ལྡན་ཅེས་པ་ནི། སྐུ་མཚན་དཔེ་གསལ་རྫོགས་ཀྱིས་སྤྲས་པ་སྐུའི་དབང་ཕྱུག། །གསུང་ཡན་ལག་དྲུག་ཅུ་དང་ལྡན་པ་གསུང་གི་དབང་ཕྱུག །ཐུགས་ཇི་ལྟ་ཇི་སྙེད་མངོན་སུམ་སུ་ལེར་གཟིགས་པ་ཐུགས་ཀྱི་དབང་ཕྱུག །ཁམས་གསུམ་ལ་རང་དབང་སྒྱུར་བ་རྫུ་འཕྲུལ་གྱི་དབང་ཕྱུག །ཀུན་ལ་ཁྱབ་པའི་གདུལ་བྱའི་སར་རྩོལ་མེད་དུ་གཤེགས་པ་ཀུན་ཏུ་འགྲོ་བའི་དབང་ཕྱུག །ཐར་པ་ཆེན་པོའི་དཀྱིལ་འཁོར་དུ་རྟག་ཏུ་བཞུགས་པ་གནས་ཀྱི་དབང་ཕྱུག །བཙུན་མོའི་འཁོར་གྱིས་རོལ་པའམ་འདོད་ཡོན་ལྔ་ལ་མ་ཆགས་པར་རོལ་པ་འདོད་པའི་དབང་ཕྱུག །སངས་རྒྱས་དང་བྱང་ཆུབ་སེམས་དཔའ་ཐམས་ཅད་ཀྱི་གཙོ་བོར་གྱུར་པས་འཁོར་གྱི་དབང་ཕྱུག་གམ་ཡོན་ཏན་གྱི་དབང་ཕྱུག་དང་བརྒྱད་དོ། །

Even withdrawing, don't withdraw; rest in freshness.
Even distracted, don't be distracted; rest in freshness.
Let whatever occurs be. In freshness,
Naturally purified, it is like a clear ocean.
Bliss, clarity, and nonthought are spontaneously present.

As this says, whatever occurs, do not mentally alter that fresh essence of thought. When great meditators, resting in just that, extend the duration of their meditation, they are freed of any conception of meditation. Without any reference point and completely pacified, they directly see the thought-free wisdom of the path of seeing.

In this context, "Great Vajradhara with eight qualities" means:

1. Mastery of the body: his body being adorned with clear and perfect marks and signs;
2. Mastery of speech: having the sixty traits of speech;
3. Mastery of mind: his mind seeing directly and vividly how everything is and its variety;
4. Mastery of miracles: having control over the three realms;
5. Mastery of traveling everywhere: going effortlessly to the locations of disciples who are present everywhere;
6. Mastery of place: always remaining in the mandala of great liberation;
7. Mastery of desire: enjoying without attachment the five sensory pleasures and disporting with the retinue of queens;
8. Mastery of retinue or mastery of qualities: being the principal one among all buddhas and bodhisattvas.

ཧེ་རུ་ཀ་དཔལ་ཡན་ལག་བདུན་ལྡན་ནི། སློབ་དཔོན་ངག་དབང་གྲགས་པས།

ལོངས་སྤྱོད་རྫོགས[༡]་དང་ཁ་སྦྱོར[༢]་བདེ་ཆེན[༣]་རང་བཞིན་མེད[༤]། །
སྙིང་རྗེས[༥]་ངེས་གང་རྒྱུན་མི་འཆད[༦]་དང་འགོག་པ[༧]་མེད། །

ཅེས་གསུངས་པ་ལྟར་སྐུ་གསུམ་ཡན་ལག་བདུན་ལྡན་ནོ། །ཧེ་རུ་ཀ་དཔལ་ནི་ཡི་གེ་བཞིའི་དོན་དང་འབྲེལ་དགོས་ཏེ། ཀྱེ་རྡོར་བརྟག་པ་སྟོ་མའི་ལེའུ་བདུན་པ་ལས།

ཤྲཱི་ནི་གཉིས་མེད་ཡེ་ཤེས་ཏེ། །ཧེ་ནི་རྒྱུ་སོགས་སྟོང་པ་ཉིད། །
རུ་ནི་ཚོགས་དང་བྲལ་བའོ། །ཀ་ནི་གང་དུའང་མི་གནས་སོ། །

ཞེས་པ་ལྟར་ཤྲཱི་ཡིག་བོད་ཀྱི་སྐད་དུ་དཔལ་དུ་བསྒྱུར་བའོ། །
བདེ་མཆོག་ཏུ།

ཧེ་ནི་རྒྱུ་སོགས་རྟེན་ཅིང་འབྱུང་། །
རུ་ནི་གནས་འཇིག་ཚོགས་དང་བྲལ། །
ཀ་ནི་མཐའ་གཉིས་ལ་མི་གནས། །

ཅེས་གསུངས་པ་ལྟར་རོ། །

ཐུགས་རྗེ་གཅིག་བསྡུས་མཁྱེན་ནོ། །ཞེས་པ་ནས་བཟུང་ཚིག་དོན་ཡ་བྲལ་དུ་མ་སོང་བར་མོས་གུས་གདུང་ཤུགས་བསྐྱེད་ལ་རྩེ་གཅིག་ཏུ་གསོལ་བ་འདེབས་པར་བྱའོ། །

རྗེ་བཙུན་ཁྱེད་རང་ལྟ་བུ་སྙིང་ནས་བྱིན་གྱིས་རློབས་ཤིག་ཅེས་པའི་ཚེ་སྙིང་གའི་ངོ་བོ་ཀརྨ་པ་ལ་རྣམ་པ་བདེ་མཆོག་ཧེ་རུ་ཀ་དེ་འོད་དུ་ཞུ་ནས་བླ་མ་ཀརྨ་

"Shri Heruka who has the seven traits" means, according to Master Vageshvara Kirti, having the three kayas and seven traits:

> (1) Complete enjoyments, (2) the embrace, (3) great bliss,
> (4) lack of nature,
> (5) Being filled with compassion, (6) continuous, and
> (7) unceasing.

"Shri Heruka" should be connected with the meaning of the four syllables, as described in the seventh chapter of the *First Book of Hevajra:*

> ŚRĪ is nondual wisdom.
> HE is emptiness of cause and so forth.
> RU is being devoid of assembly.
> KA is not remaining anywhere.

Shri is translated into Tibetan as *dpal.*

In *Chakrasamvara,* it is said:

> HE is interdependence of causes and such.
> RU is free of remaining, perishing, and combining.
> KA is not remaining in the two extremes.

From "Embodiment of compassion, khyenno" onward, generate fervent devotion and supplicate one-pointedly without letting the words and meaning become separate.

When you say, "A guru who is able / To protect all beings forever," meditate that the Heruka in your heart—Karmapa in essence and Chakrasamvara in form—melts into light, and the guru Karmapa's body, speech, and mind become inseparable from yours. Think that you, visualized as Vajravarahi, also

པའི་སྐུ་གསུང་ཐུགས་དང་རང་གི་ལུས་ངག་ཡིད་གསུམ་དབྱེར་མེད་པར་བསྒོམ། རང་རྡོ་རྗེ་ཕག་མོར་གསལ་བའང་མེ་ལོང་ལ་ཧས་བཏབ་པ་ལྟར་འོད་དུ་ཞུ་བར་བསམས་ལ། ཅི་ཡང་མི་དམིགས་པར་སྣང་མེད་ཀྱི་ངང་ལ་མཉམ་པར་བཞག་ལ། དཔལ་ལྡན་བླ་མ་དམ་པ་ནས། སྐྱེ་དང་ཚེ་རབས་ཀུན་ཏུ་མི་འབྲལ་ཤོག་བར་འདོན། དེ་དག་ནི་བླ་མས་རྗེས་སུ་འཛིན་ཅིང་སྨོན་འཁོར་དགོངས་པ་དབྱེར་མེད་དུ་འགྱུར་བའི་གནད་དམ་པའོ། །

དེ་ལྟ་བུའི་ཉམས་ལེན་གྱི་ངང་ལ་གནས་པས་གསོལ་འདེབས་སྨོན་ལམ་ཡོངས་རྫོགས་འདོན་པའམ། ཡང་ན་སྣར་རང་ཉིད་བདེ་མཆོག་ལྷན་སྐྱེས་ཡབ་ཡུམ་གྱི་སྐུར་གསལ་བའི་སྤྱི་གཙུག་ཏུ་རྩ་བའི་བླ་མ་དང་། དེའི་དབུ་གཙུག་ནས་རྡོ་རྗེ་འཆང་གི་བར་བརྒྱུད་འདྲེན་བརྒྱུད་རིམ་ཐོ་བརྩེགས་སུ་བསྒོམ་ལ་མཉམ་མེད་དྭགས་པོ་བཀའ་བརྒྱུད་སོགས་འདོན། ཞེན་ཏུ་བསྡུ་ན། བདེ་མཆོག་གི་སྤྱི་གཙུག་ཏུ་རང་གི་རྩ་བའི་བླ་མ་ཀརྨ་པ་དེ་ཁོ་ན་གསལ་བས་ཀྱང་འཐུས།

དེ་དག་གི་སྐབས་སུ་རྒྱུན་ཆ་ལུགས་རྣམས་རྣམ་པ་མ་འདྲེས་པས་གསལ་ལེ༑ དྭངས་གསལ་འོད་ཀྱི་རང་བཞིན་དུ་སེང་ངེ། གང་ལའང་མ་བརྟེན་པར་ཡེ་རེ། རིག་པའི་རང་མདངས་ལྷ་སྐུར་ཤར་བ་ཁོ་ན་ལས་གཞན་དུ་མ་ཡེངས་པར་རྗེན་ནེ། སྐུ་མཚན་དཔེའི་ལང་ཚོ་ལྷམ་མེ། གསུང་གྲགས་སྟོང་ཆོས་སྒྲ་ལྷང་ངེ། ཐུགས་འོད་གསལ་ཆོས་སྐུ་ལྷན་ནེར་བསྒོམ་མོ། །དེ་ཡང་རང་རིག་སྒྲིབ་པ་དང་བྲལ་བ་དེ་བཞིན་ཉིད་ཀྱི་ཧིང་ངེ་འཛིན་ལས་ཅུང་ཟད་ཙམ་ཡང་མ་གཡོས་བཞིན་དུ་རང་མདངས་འགགས་པ་མེད་པར་འཁོར་ལོ་སྡོམ་པ་ཡབ་ཡུམ་གྱི་རྣམ་པར་འཆར་བའི་བདག་ཉིད་ངོ་སྨམ་པའི་ང་རྒྱལ་དང་ལྡན་པས་

melt into light like breath on a mirror, and rest in equipoise in a state without appearances, not focusing on anything. Recite from "I supplicate the exalted glorious guru" to "glorious Sangye Nyenpa and his sons." These are the great key points for being accepted by the guru and for the teacher and disciples to become inseparable in realization.

While remaining within such a state of practice, recite the supplications and aspirations in their entirety. Or visualize yourself once again as the coemergent Chakrasamvara and the mother, meditate that your root guru is above your crown with the unified lineage up through Vajradhara in a column above your head, and recite, "I pray to the unequaled Dakpo Kagyu . . . ." For the simplest, it is also enough just to visualize your root guru, the Karmapa, above the crown of Chakrasamvara's head.

During this passage, meditate vividly, the forms of ornaments and robes distinct; pellucidly, as the nature of clear, bright light; self-sustainingly, unsupported by anything; and nakedly, without being distracted by anything else from just the appearance of the natural radiance of awareness as the deity's body. Meditate that the body is brilliant, youthful with the marks and signs. Speech is the clarion sound of Dharma, sounding and empty. Mind is vivid, the luminous dharmakaya. Not wavering even the slightest from the samadhi of self-aware suchness free of elaborations, engage in activities with the pride that you are the nature of the natural luminosity that appears unceasingly as Chakrasamvara and the mother. This is taking the yidam deity as the path, arising as the unified body.

According to the *Great Display of Ati Tantra,* the benefits of meditating on guru yoga are these:

སྦྱོང་ལམ་ལ་འཇུག་པར་བྱ་བ་ནི་ཡི་དམ་ལྷའི་ལམ་ཁྱེར་ཟུང་འཇུག་གི་སྐྱུར་ལྷུང་བའོ། །

བླ་མའི་རྣལ་འབྱོར་བསྒོམ་པའི་ཕན་ཡོན་ནི། ཨ་ཏི་བཀོད་པ་ཆེན་པོ་ལས། གང་གིས་ལྷ་སྐུ་འབུམ་ཕྲག་བསྒོམ་པ་བས། །བླ་མའི་སྐུ་ལ་དམིགས་པ་མ་ཡོག་ན། །བསོད་ནམས་བརྒྱ་ཕྲག་སྟོང་གི་ཆར་མི་འགྲོ། །བསྙེན་སྒྲུབ་ལས་སྦྱོར་ས་ཡ་དུང་ཕྱུར་བས། །བླ་མའི་གསོལ་འདེབས་ཚིག་གསུམ་བརྗོད་པ་ནི། །ཞུས་པ་འབུམ་ཕྲག་ཆར་ཡང་མི་ཕོད་དོ། །རྫོགས་པའི་རིམ་པ་བསྐལ་པའི་བར་དུ་ཡང་། །གང་གིས་འདུ་འཛི་སྤྲངས་ནས་བསྒོམ་པ་བས། །བླ་མ་སེམས་ཀྱི་དཀྱིལ་དུ་ཤར་བ་ཙམ། །བསོད་ནམས་སྟོང་ཕྲག་ཉི་ཤུའི་ཆར་མི་ཕོད། །བླ་མ་བསྒོམ་དང་བསྟོད་དང་བསམ་པ་ཡིས། །སངས་རྒྱས་འབྲས་བུ་གཅིག་ཆར་འགྲུབ་པར་ངེས། །ཞེས་སོ། །

སློབ་དཔོན་པདྨས། ངེས་དོན་སྟོན་པའི་བླ་མ་དེ། །རང་ལ་སངས་རྒྱས་ཀུན་ལས་ལྷག །གསང་སྔགས་ངེས་པའི་དོན་སྟོན་པའི། །བླ་མ་སངས་རྒྱས་ཀུན་གྱི་དངོས། །ཞེས་གསུངས་པ་ལྟར།

ངེས་དོན་ཕྱག་རྒྱ་ཆེན་པོ་ཆོས་སྐུ་མཛུབ་ཚུགས་སུ་སྟོན་པ་ལ། རྒྱལ་བ་ཀུན་གྱི་ཕྲིན་ལས་པའམ། བླ་མ་ཀརྨ་པ་རིམ་བྱོན་རྣམས། སངས་རྒྱས་ཤཱཀྱ་ཐུབ་པས་ལུང་བསྟན། ཨོ་རྒྱན་པདྨ་འབྱུང་གནས་ཀྱིས་མཚན་གསོལ་བ་ནི་ཡོངས་ལ་གྲགས་ཤིང་། མཆོག་གླིང་གཏེར་བྱོན་གནས་ཆེན་ཉེར་ལྔའི་མདོ་བྱང་ལས། སྐྱེ་བ་བདུན་དང་སྤྲུལ་བརྒྱུད་བཅུ་གསུམ་འབྱུང་། །ཞེས་པའི་སྐྱེ་བ་བདུན་རྫོགས་པའི་སྤྲུལ་བརྒྱུད་བཅུ་གསུམ་གྱི་ཐོག་མ་མི་བསྐྱོད་རྡོ་རྗེས་སྩལ་བའི་ཐུན་བཞི་འདི་ཉིད་བྱིན་རླབས་ཀྱི་ཚན་ཁ་ཆེ་ཞིང་། ཕྱག་ཆེན་ཆོས་དྲུག་ཉམས་སུ་ལེན་པའི་རྣལ་འབྱོར་པ་རྣམས་ཀྱི་ཐུགས་དམ་ཀུན་གོ་གཅིག་ཆོད་

Meditating on a hundred thousand deities
Does not have even a hundred-thousandth of the merit
Of not turning your focus away from the guru's body.

A hundred trillion approaches, accomplishments, and activities
Do not rival even a hundred-thousandth of the power
Of reciting three lines of supplication to the guru.

Abandoning diversions and meditating
For an aeon on the completion phase
Does not compare with even a twenty-thousandth
Of the merit of the guru appearing in your mind.

Meditating, praising, and contemplating the guru
Will definitely accomplish the result, buddhahood, at once.

As Master Padmasambhava said:

The guru who shows the definitive meaning
Is superior to all buddhas for you.
The guru who teaches the definitive meaning
Of secret mantra is all buddhas in actuality.

It is well known that the Buddha Shakyamuni prophesied that the successive Karmapas, embodiments of the activity of all buddhas, would teach the mahamudra of definitive meaning as pointing out the dharmakaya, and that Uddiyana Padmasambhava gave them their names. Chokgyur Lingpa's revelation *The Summary of the Twenty-Five Sacred Sites* says, "There will be seven rebirths and a lineage of thirteen emanations." The last of

འདི་ཉིད་ཀྱི་དམིགས་རིམ་གྲུབ་ཆེན་ཀརྨ་ཆགས་མེད་ཀྱིས་མཛད་པའི་ཟུར་རྒྱན་གྱི་ཚུལ་དུ། ཀློ་མཆོག་སྐོང་གི་དགེ་སློང་ཀརྨ་ཡེ་ཤེས་བཟང་པོའི་མོས་གུས་བླ་མའི་རྣལ་འབྱོར་གྱི་བོགས་འདོན་དུ་ཀརྨའི་མཁན་པོ་འདུལ་འཛིན་པས་མཚམས་ཀྱི་ཐུན་གསེང་རྣམས་སུ་བྲིས་པ་སྤྱན་རས་གཟིགས་དངོས་དཔལ་ལྡན་ཀརྨ་པ་ཆེན་པོའི་བྱིན་རླབས་སློབ་མའི་རྒྱུད་ལ་ཞུགས་ནས། སེང་གེ་ཁྱུང་གི་ཕྲུ་གུ་བཞིན་དུ་བུ་སློབ་མ་བས་ཀྱང་ཡང་སློབ་བཟང་ནས་འཛིན་མའི་ཕྲིན་ཀུན་གང་བར་གྱུར་ཅིག། །སརྦ་མངྒ་ལཾ།། །།

the seven rebirths and first of the thirteen in the lineage of emanations is Mikyö Dorje. The *Four-Session Guru Yoga* he gave is extremely rich in blessings, a meditation that suffices on its own for all yogis who practice mahamudra and the six yogas.

During breaks in a retreat, Karmay Khenpo Duldzin wrote this for the bhikshu Karma Yeshe Sangpo of Lho Tsalgong to enhance his practice of devotional guru yoga as a complement to the visualizations written by the great practitioner Karma Chakme. May the students receive the blessings of Avalokiteshvara himself, the glorious Karmapa, in their beings, and, like lion cubs or garuda chicks, may their students become even greater, filling the entire earth. SARVA MAṄGALAṂ

༄ གསོལ་འདེབས་མི་འཇིགས་དབུགས་འབྱིན་མའི་ཁྲིད།

རྗེ་བཙོ་ལྷ་པ་མཁའ་ཁྱབ་རྡོ་རྗེས་མཛད།

༄༅། །ཡང་འབྲེལ་པ་ཐོག་ཆོག་མའི་གསོལ་འདེབས་མཇུག་གི། མི་འཇིགས་པའི་དབུགས་ཆེན་པོ་འབྱིན་པའི་ཆོས་རྗེ་སྟོབས་པོ་ཆེ་ལ་གསོལ་བ་འདེབས་སོ། །ཞེས་པའི་དོན་ནི། སེམས་ཅན་ཐམས་ཅད་འཁོར་བ་དང་ངན་འགྲོའི་འཇིགས་དང་སྡུག་བསྔལ་གྱིས་མནར་བ་ལ། རྒྱལ་བ་གང་གི་ཚད་མེད་པའི་ཐུགས་རྗེའི་ཕྲིན་ལས་ཀྱིས་ལམ་མ་རྙེད་པ་ངན་འགྲོའི་འཇིགས་སྡུག་ལས་སྐྱབས། ལམ་ལོག་པ་མུ་སྟེགས་ལས་སྐྱབས། ལམ་དམན་པ་ཉན་རང་ལས་སྐྱབས་ཏེ་ཐེག་ཆེན་ཐར་ལམ་ལ་བཞག །བླ་ན་མེད་པའི་བྱང་ཆུབ་ཀྱི་གོ་འཕང་ལ་བཀོད་དེ་བདེན་པ་མཆོག་གི་ས་ལ་བདག་གཞན་རྣམས་དབུགས་ཆེན་འབྱིན་པར་མཛད་པའི་ཆོས་ཀྱི་རྗེ་ཟུང་འཇུག་བརྒྱུད་རིམ་གྱི་བླ་མ་ཐམས་ཅད་ཀུན་འདུས་ཀརྨ་པའི་ཡོན་ཏན་ཕྲིན་ལས་ཀྱི་སྟོབས་ཆེན་པོ་སངས་རྒྱས་ཉིད་དང་མཚུངས་ཤིང་། སངས་རྒྱས་ལས་ལྷག་པའི་བཀའ་དྲིན་ཅན་ལ་གསོལ་བ་འདེབས་པ་རེད། གསང་མཚན་སོགས་གང་ཡང་མ་རེད། ཅེས་པའང་སྤྲུལ་སྐུ་ཀརྨ་འཇིགས་མེད་དོན་ཡོད་སྙིང་པོ་ཆོས་གྲགས་དཔལ་བཟང་པོའི་ངོར། ཀརྨ་པ་བཙོ་ལྷ་པས་སོ། །

Instructions on the Supplication "Granting the Great Relief of Fearlessness"

The Fifteenth Karmapa Khakhyap Dorje

The meaning of "I supplicate the mighty Dharma lord who grants the great relief of fearlessness" at the end of the prayer "Making a Connection Is Enough" is that all sentient beings are plagued by the fear and suffering of the lower realms. This is a supplication to the Victor who, through his activity of limitless compassion, grants us and others great relief: He protects us from not finding the path, which becomes the fear and suffering of the lower realms. He shields us from the wrong paths of extremists. He guards us from the lesser paths of the shravakas and pratyekabuddhas and places us on the Mahayana path of liberation, bringing us to the state of unexcelled enlightenment, the level of the sublime truth. This lord of Dharma is the embodiment of all gurus in the lineage of unity and has the great powers of the Karmapa's qualities and activity. He is equal to the Buddha himself and even more kind than the Buddha. This is not a secret name or the like.

By the Fifteenth Karmapa at the request of Tulku Karma Jikme Dönyö Nyingpo Chödrak

Acknowledgments

Direction:	The Seventeenth Gyalwang Karmapa Ogyen Trinley Dorje
Translation:	Khenpo David Karma Choephel
Tibetan editing:	Palden
English editing:	Michele Martin, Tracy Davis, Jo Gibson
Cover design:	Louise Light

green press INITIATIVE

KTD Publications is committed to preserving ancient forests and natural resources. We elected to print this title on 100% post consumer recycled paper, processed chlorine free. As a result, for this printing, we have saved:

4 Trees (40' tall and 6-8" diameter)
1,749 Gallons of Wastewater
2 Million BTUs of Total Energy
117 Pounds of Solid Waste
322 Pounds of Greenhouse Gases

KTD Publications made this paper choice because our printer, Thomson-Shore, Inc., is a member of Green Press Initiative, a nonprofit program dedicated to supporting authors, publishers, and suppliers in their efforts to reduce their use of fiber obtained from endangered forests.

For more information, visit www.greenpressinitiative.org

Environmental impact estimates were made using the Environmental Defense Paper Calculator. For more information visit: www.papercalculator.org.

In fulfillment of His Holiness's wish to protect the environment and minimize our eco footprint, KTD Publications as a "green publisher" is committed to the responsible use of the earth's natural resources.